资产市场新规则

不良资产前线操作备忘录

姜　何◎著

中信出版集团 · 北京

图书在版编目（CIP）数据

资产市场新规则：不良资产前线操作备忘录 / 姜何著. -- 北京：中信出版社，2018.10
ISBN 978-7-5086-9429-0

Ⅰ. ①资… Ⅱ. ①姜… Ⅲ. ①不良资产－资产管理－研究 Ⅳ. ① F20

中国版本图书馆 CIP 数据核字（2018）第 202716 号

资产市场新规则——不良资产前线操作备忘录

著　　者：姜　何
出版发行：中信出版集团股份有限公司
（北京市朝阳区惠新东街甲 4 号富盛大厦 2 座　邮编　100029）
承 印 者：北京诚信伟业印刷有限公司

开　　本：787mm × 1092mm　1/16　　印　　张：15.75　　字　　数：148 千字
版　　次：2018 年 10 月第 1 版　　印　　次：2018 年 10 月第 1 次印刷
广告经营许可证：京朝工商广字第 8087 号
书　　号：ISBN 978-7-5086-9429-0
定　　价：59.00 元

感谢那些给我制造了困境的人，让我对契约、责任、勇气、潜力、谨慎、冷静、志气、原则、风险、担当、努力等曾经司空见惯的词语有了新的认识。

感谢公司股东们的开放与信任。

感谢我的事业伙伴，让我始终保持冷静和独立的思考，虽然时有争执，却形成了独特的效率，这是信任的结果，体现了信任的重要性。而在过去的若干年中，这一点被我严重地忽略了。

感谢唐毓君小姐，她是我上一本书的读者，也是一位勤奋而努力的律师，她主动承担起了本书烦琐的文字整理工作。

特别感谢我上本书的合著者鹤藏先生，专程从西藏回京帮我校对和梳理书稿。

序

曾经一度被投资者广泛追捧的上市公司突然陷入了财务困境，曾经规模庞大的财富公司突然坍塌……近年来，频频出现的黑天鹅事件正在逐渐击破本已信心减弱的中国资产投资者的财富梦想，一场场缺乏道德底线、毫无规则可言的投资游戏，在一瞬间就将无数投资者送上了投资市场的祭坛。

地球的另一端，华尔街的气氛依旧阴雨绵绵。然而，全球最大的资产管理公司之一——橡树资本在 2016 年仍然实现了不俗的业绩：总营业收入 11.26 亿美元，同比增长 457.56%；实现净利润 1.95 亿美元，同比上升 172.89%。自成立以来，橡树资本的年化总回报率达到 23%，而年化净收益率也拿到 17%，其投资及回本的速度非常快——平均 4 ~4.5 年能够收回本金，6.5 ~7 年可以收回全部投资收益。有人可能要问了，橡树资本在做什么？

专注违约及困境资产，是橡树资本核心管理人霍华德·马克斯（Howard Marks）的主要投资思想。

再看中国，违约和困境资产也是一个有待开发的巨大金矿。包括商业银行的违约金融债权及民间金融机构近年来形成的非金融类债权，在中国，其总量远超过 20 万亿元。

没错，这是一个充满诱惑并激情四射的“矿区”，只是还没有让中国的民间投资者获得足够的“采矿许可证”。然而，这并不妨碍越来越多的敢于冒险的先行者们蠢蠢欲动，他们带着轻便的行李和装满现金的手提箱，从四面八方向矿区涌来，信念只有一个：抢占先机。

而人潮汹涌之中，智者在振臂高呼：请慢一点儿啊，准备好你的工具！

是的，机会稍纵即逝，投资者需要做的，只是比别人先行一步；在海量资讯、真假难辨的不良资产市场中，激情会渐渐衰退，支撑你坚持下去的，唯有与众不同的思想和精密打造的专用工具。

的确，不良资产市场充满激情、理智与梦想，但它也是一个被风险、阴暗纷繁笼罩的小众市场。领军这个时代的主角，其统一特征是：充满智慧、精于技巧、富有责任、拥有非凡的洞悉力。

主角们以其独特的投资思想、全新的金融工具和无懈可击的经营策略，驾驶着风险管理的采矿车，穿梭在一座座陷落的“特色经济”的“废墟”当中，通过敏锐的观察，透过一丝丝易被人所忽略的蛛丝马迹找寻“矿脉”，定位、打井、深挖，最终获得一个又一个资产宝藏。

这个漫长而孤独的探索过程虽然笼罩在极端不确定的浓浓“迷雾”之中，但聚集了无穷能量的“财富灯塔”正在远方闪亮，为他们提供着在寒夜中前行的超级动力。我想，这可能就是姜何先生最早将这本书的书名定为“消极中寻找积极”的主要想法。

作为中国第一家民营上市公司高管，我在20世纪90年代就进入了资本市场。担任四川现代民间金融研究院院长以来，我们组织举办了数十场“民间金融研讨会”和“新金融培训班”，加上我的《借贷》系列丛书的普及，使得我们在全国结识了上万金融从业者，其中还包括无数的知名民间金融机构。十年下来，依然在市场当中活跃的不过三成，大浪淘沙，很多曾经的辉煌都已沉寂下去，而依然活跃的机构也面临着一致的困惑：

- 资产管理未来的方向在哪里？
- 新的机会点在哪里？
- 怎样形成差异化经营？
- 如何找到更有效的投资策略？

姜何先生不仅是我多年的好兄弟、好朋友，更是一位出色的资产管理人。他的这本书虽然围绕的是不良资产的管理、定价、交易、投后退出以及基金设立等环节，但正所谓大道相通，此间许多内容同样适用于企业债券和股权投资市场。在我看来，全书言简意赅，且有大量实践案例，相信定会给读者带来很多积极的启发。

而对于阴霾浓郁的资产市场，我想对其中的参与者们说：

中国聚集了超乎想象的资产宝藏；

资产处置投行化时代已经开启；

先行者依靠智慧和规则必将再次领跑时代；

工具和思想，

是进入宝藏的最佳采矿证……

《借贷》系列小说作者

资本之鹰（吕志刚）

前　言

中国的不良资产市场究竟有多大？

中国银行业监督管理委员会公布的数据是，截至2017年3季度，商业银行不良资产总额约为1.55万亿元。如果加上商业银行通过卖断出表以及信贷展期等形式存在的标准化不良资产的话，据业界估计，不低于10万亿元。如果再加上影子银行（包括银行理财、68家信托、近100家券商以及公募资管）、债券市场（包括利率债以及信用债）和民间金融机构的非标准化不良资产规模，总存量预计超过20万亿元。

近几年来，由于投资者对经济发展趋势的错误解读、金融市场进入门槛降低、新兴金融机构商业模式的粗糙，再加上严重违背经济规律的假设，导致我们目之所及的违约及不良资产只是冰山的一角，而伴随着更多潜在风险以及违约信贷，其共同形成的不良资产数量总和，则是一个无人能概览全貌的巨大市场。

尽管难以精确计算，但如果从历史成因上追溯，这个数字的庞大是毋庸置疑的。这是一个历经数十年形成的市场。优质资产、有瑕疵资产以及完全消失的资产混杂在一个巨型经济体中，吸引着大量的“淘金者”从各个角落涌出，纷纷扑向这个充满挑战和激烈竞争的市场。10年来，伴随着一系列泡沫的出现，中国金融市场中资本的真实盈利性，可能越发让保守的投资者心生疑虑：

- 一级市场的下行周期还能带来二级市场超高的市盈率吗？
- 资产价格的波动合理吗？

- 频频触发的道德风险能够通过不断完善的法律手段加以遏制吗?
- 在以上因素的推动下，包括主流金融机构都在做的事情全部都正确吗?

面对这些问题和现象，我们希望读者不仅回顾过去的不良资产所带来的事业机会，同时也能对正在形成的不良资产有所警惕和思考。

所有人，包括许多地方管理机构，都希望在极短的时间中，把面临的问题合理化解或完成对其进行改良的快速修正计划。但事实证明，这只是个不科学也不符合经济规律的美好愿望而已。市场的参与者可能要做好这样的思想准备——在这个市场中的耕耘、研究、改善、整合，需要极其漫长的时间。

金融市场不同于其他市场，这是一个依靠信用和信心支撑的市场，也是一个对风险进行管理的市场。硬币皆有两面，而金融市场中的基本事实更是证明了这个道理：正因为需要对风险进行防范，所以才更不能否认风险会有触发的可能。

客观来说，80%以上的大型金融机构都会遇上信贷违约或其他因素所导致的违约风险，而这样的风险也必将波及数量庞大的金融从业者以及市场参与者。因此，对违约市场进行相对成体系的认知，是可能会受此类风险波及的用户群的迫切需求。

然而，获取对不良资产市场认知的途径却屈指可数。截至目前，尽管网络上时有好的文章、观点、案例，但都相对碎片化，难以形成体系；而法律书籍中的讲解则过于晦涩、专业、理论化，让新加入这个市场或对该市场有兴趣的投资者即使通读，仍会有一种“管中窥豹”的不全面感。现在在国内，还没有一本相对系统、全面的书，对违约市场以及不良资产市场①进行正式介绍。

本书尽可能避开对法律法规的冗繁陈述，从投资者和经营者的角度出发，重点探讨以下内容。

- 投资者将基于什么理论指导介入这个市场?
- 不良资产买入者介入市场的最佳时机是什么时候?
- 从生意的角度而言，资产管理公司的经营模式是什么？投资者的投资模式又是什么?
- 不良资产持有人如何能够设计出一个合理的激励机制，让合作者均能找到积极的参与空间?
- 资产管理公司的业务系统、评估系统、风险管理系统以及投资决策系统如何建设?
- 在不良资产处置的整个业务链条中，各参与者对于其他参与者多数是交易对手关系，如何形成一个高效率的共益机制?

思考逻辑

本书力求尽可能地务实。以实践应用为主旨，以化繁作简为途径，帮助经营者和投资者建立一个完整的思考逻辑。正如我在之前

① 本书中部分章节会使用“特殊资产”的提法，这是因为金融机构形成的违约信贷通常会被称为“不良资产”，而近年来，市场的买入方在买入商业银行的不良资产的同时也会买入非金融机构的违约资产或问题资产，以及大型国有企业需要从主营业务中剥离的非核心资产和业务，这类资产对于不良资产的管理人而言，通常统称为非标准化不良资产或特殊资产。

的一本小册子《路演》中所强调的：先明确自己最后希望达到的目标，然后再思考如何利用自身的优势去实现目标。一个人、一个机构皆是如此。我们的时间有限，我们的精力有限，我们的优势也有限，只有清晰定位并明确“终点”所在，我们才有可能把“优势”最大化地发挥，从而在一个机会庞大的市场中寻求获得机会。

新进不良市场的参与者对于下一步将要形成的经营行为以及投资行为，对于即将制定的可以量化的决策和可实施的方案是如何思考成型的？对此，本书的叙述逻辑是，以正确的思考步骤作为线索，先探讨不良资产市场将以什么轨迹运行，在此基础上对市场参与模式做出定义，进而发掘出市场真正存在的问题以及机会，研究解决工具和解决方案，从而注入自身的优势，并对当下的行动做出判断和决定。

这是一个“科学决策”的形成过程。

角　度

在业务实践的过程中，我们发现资产的出让者、资产的买入者、市场的投资者，都在以自己的角度和眼光看待问题。资产的买入者通常关心如何买入价值低估的资产获利，而不良资产的卖出者（以商业银行为典型代表）则更关心如何在最大限度上满足监管需求，如何综合地完成业绩指标。因此，不良资产的持有人要在腾出规模、卖断处置、财务报表的调整、委托外部清收等多个选项当中做各种权衡与考量；资产的买受人要在资产的流动性、资产的稳定性、处置方案和资产的估值方面思考良多；不良资产的资产服务机构则要在投资期限、投资风险以及回报率等因素上反复思量……

不良资产行业链条长、环节多，参与的各方思考的角度、方式并不在同一频率，也无法置身于同频道的环境中，这直接导致了整个行业链条沟通效率低下，沟通成本过高。于是会产生的极大可能就是：谈判与讨论的基本点一开始就是错误的。因此，本书的另外一个目的，在于促成参与各方的换位思考。让大家多了解对方，从而在业务实践中搭建有效的沟通桥梁。

少数成功投资者

我们在市场中对数百位参与者进行了问卷调查，结合实践过程中形成的经验，可以得出的结论是：不良资产处置与管理是一个操作难度远远超过其他投资市场的专业领域。

在这个领域中，我们可以将投资者（包括机构与个人）进行一个普遍的分类。

65%的参与者属于初级投资者。他们在投资市场的决策来自已经学习到的知识，加上基于知识和自身因素形成的技能。但他们的成功率并不高。

22%的投资者，其投资行为来自模仿其他投资者的行为模式。很显然，他们通常是市场中的失败者，因为他们忽略了一个关键要素，那就是“时机”。

11%的市场参与者重点研究规矩（投资系统和投资模式）。在操作层面上，对信息获取、估值定价、法律运用等方面建立研究体系；在后台管理上，对风险识别、控制和管理能力做持续建设。对外部建设精细化的作业体系和制定合作者之间的规则，完善各方满意的激励机制和分配机制，这是市场中生存下来的投资者的典型特征。

我们发现，仅有不到2%的投资者可以被称为出色。他们在规矩、规则的基础上，再花精力研究行业规律、政策、法规、宏观经济等关键指标，使之成为其投资思想的基因。而这其中，最杰出的投资者一定是再注入了两个关键要素：时机和头寸。

规律、规则和规矩，能让投资者获得行动的绝对优势。不过，对买卖时机的把握、头寸的调整以及资产与时间的配置，才是最后能够带来丰厚回报的要素。

所以，本书后面两个章节基于对投资者调研的结果进行总结。我们放弃了大量介绍行业与基础知识的想法，而把内容的关注点集中在探讨市场规律的过去、现在和将来上，同时更多地探讨模式和系统的建设，涵盖投资者也包括经营者，部分内容则基于我们观察到的一些成功的合作模式，介绍其关键成功因素。当然，这一切都需要理论的支撑。

不良资产行业展望

从政策制度环境的方面来看，从《关于市场化银行债权转股权的指导意见》的政策出台，到李克强总理首次提出通过债转股降低企业杠杆率，再到 2016 年的 500 亿元不良资产证券化试点正式开启，都体现了政府持续完善相关制度，鼓励市场参与，鼓励处置方式创新的明确态度，这对不良资产市场正是一个明确且积极的信号。

从投资周期的角度看，不良资产行业平均收益率达 15% ~ 20%，远高于一般市场。经济下行时，不良资产的供给增加，这可能是不良资产投资的一个适当建仓期：随着经济复苏，资产估值上升，投资人获取跨周期资产的溢价收益，这是不良资产投资的最基本的逻辑。

从投资行为的特征上看，一方面，不良资产投资具有跨周期的长期属性；另一方面，在当前金融机构不良资产快速增加和投资市场“资产荒”加剧的大环境下，参与不良资产投资，有利于缓解资金配置压力，能够使社会资本利用更多金融工具更好地服务实体经济，同时满足机构投资者获取高风险、高收益的资产配置需要。

通常，普通投资者可以通过不良资产证券化产品投资、不良资产私募股权基金、入股小型资产管理公司等形式参与不良资产市场投资。而对于机构投资者，特别是有相关金融牌照的投资机构来说，可以探索资产支持计划、债转股的相关业务，发起以不良贷款、非金融机构不良资产以及企业应收账款坏账为基础资产的资产支持计划，活跃资产支持计划业务，或者直接收购不良资产包进行处置。

但是，上述投资行为均需具备不良资产处置全流程的业务能力。无论是通过直接还是间接路径，正确选择专业的中介服务机构、投资顾问或投资管理人都是成功的关键，而如何对其评价与选择，我们也会在本书中做详细的介绍。

时间与空间

不良资产行业中的两个关键词，一是“时间”，二是“空间”。

时间是最宝贵的财富。资产处置，本质上也是时间换空间的过程。一个相对较短的投资周期对于有成本的资金来说就会形成盈利，而对于较长的投资周期，可能就会变成亏损。而对于资金成本足够低的机构而言，能够坚持持有较长时间的资产，则可能会随着经济周期的循环而获得超高的投资回报。

时间，正是这个行业的核心秘诀之一。

同样，我撰写本书的初衷也是基于对时间的理解。因为出自社交软件和互联网的大量行业碎片信息，并不足以让对该行业有兴趣的参与者在有效时间里获得一个完整的知识体系，所以，我才产生了通过撰写一本小手册，来方便大家阅读和思考的想法。

这个想法的本质是为了节约市场参与者的时间。如果能在整个行业链条中帮助市场参与者形成换位思考，达成更多的观念共识，相互之间获得更多的合作机会、整合机会，那就是本书的意义所在了。

因为工作繁忙，本书的部分章节基于口述，由同事进行文字整理，难免会有较多错误，希望朋友们能够提出意见并给予理解。

姜　何

2017 年 12 月 30 日于北京

目 录

第一章

中国不良资产市场的焦虑

第一节　历史的尘埃

不良资产的形成历史

从本质上来讲，资产的转移和交换不仅是经济结构变化的过程，同时也是资本转移和换手的过程。了解并研究不良资产的历史成因，是本书的开始。这不仅可以帮助市场的参与者更深刻地理解它，而且研究这一过程本身就具有价值。

中华人民共和国成立以来，第一轮资产和资本的形成，源于20世纪50年代的大工业时期。这是俗称的计划经济时期。政府通过兴建大型工业，打下了早期国有资产的基础。随着时代的变化，经济的不断升级，早期的大工业现如今已风光不再——许多当年的龙头企业、纳税大户演变成了今天的“僵尸企业”。这些企业拥有很多土地、设备，并几乎全部属于国有。这些有资产无资本的早期国企，正是各地政府试图通过引进战略投资者，从而进行“混改”的主要对象。

第二轮资本和资产的形成源于1983年的农村土地承包责任制改革，私有经济开始出现。1989年，中国的政治体制改革开始进入第二个阶段，经济的发展和社会财富的增加是这个阶段的主要特征。受益者不仅包括社会，也包括政府。这一阶段一直延续至

1998 年的房地产改革启动。

房地产改革启动成了新的经济增长点。它带动了高速城镇化，消化了制造业产能，修复了地方政府资产负债表。同时，还开启了企业债权转股权，金融政策兜底，由资产管理公司剥离银行债务的新阶段。四大资产管理公司[①]收到财政部提供的资本金以及央行再贷款，获准后，向对口商业银行发放专项金融债券，以收购四大行的不良资产。其中，1999—2005 年剥离不良资产的总额高达 2.58 万亿元，正式开启了资产和资本转移的序幕。

2003 年，我国的经营性用地招拍挂制度得到了全面落实。这表示了一层更深的意义：一批民营企业第一次在拥有“资本”的同时，也拥有了“资产”，坐拥早期实实在在的财富。

这个阶段所形成的资产，也是后期最早进入市场化流动的不良资产的基础。

第三轮是一个资本、资产快速积累并快速换手的时期。资本资产的形成，源于 2001 年 12 月 11 日我国正式加入世界贸易组织（WTO），成为其第 143 个成员。2001 年，中国的 GDP（国内生产总值）约为 11 万亿元；2016 年，中国的 GDP 约为 74 万亿元——16 年间，中国的 GDP 增长了大约 6.7 倍。中国在这个阶段有了相对更加鲜明的“资本”特征。

在加入 WTO 的早期，中国搭上了全球经济高速发展的顺风

---

① 亚洲金融危机后，为解决银行体系巨额不良资产问题，1999 年国务院在借鉴国际经验的基础上相继成立华融、东方、信达、长城四大资产管理公司。

车，依靠引进发达国家相对落后的机器设备，大兴制造业；设备淘汰了再引进，引进后再淘汰。激进的企业家通过粗放而直接的模式——“来料加工转出口”，完成了第二轮的资本积累。这一过程中，过于冒险的信贷策略，以及过度依赖借贷发展的企业，快速积累了财富。但在随后爆发的全球金融危机中，这类企业则沦为典型的“企业债务人”。它们手中持有的资产构成了当下不良资产市场中典型资产的一部分。与此同时，中国的部分企业家们开始大举进军高杠杆、高风险、高回报的房地产领域。毫无疑问，依然有部分企业家采用冒险的信贷策略，造成了同样的结果。

2009 年，4 万亿元投资刺激经济政策出台，开启了当时乃至之后 10 年里我们大量接触到的不良资产市场的主要形成期。

从 2009 年开始，中国企业财务杠杆不断上升，目前仍处于历史高位。在近年投资拉动的高速经济增长中，企业在内部经营现金流改善的同时，为了快速扩大规模，债务融资也迅速增加。2009 年以来的经济刺激政策以增加企业财务杠杆为主要支点，在有效撬动经济发展的同时，企业的债务负担也日益增长。

伴随着盈利和经营现金流的恶化以及债务规模扩张的是不少企业开始呈现困境发展特征：先是每年的现金流覆盖投资出现困难，紧接着演变成部分企业每年产生的经营现金流覆盖债务利息也出现了困难，只能开始依靠债务融资去偿还利息。这时的债务融资就已经具有了一定的庞氏特征：债务规模的不断扩张伴随现金流的不断下滑，导致偿债压力越来越大。

美国经济学家海曼·明斯基（Hyman Minsky）所提出的著名的明斯基时刻被划分为三个阶段。

第一阶段，对冲性融资或套期融资，即债务人期望获得的现金流能覆盖利息和本金，这是最安全的融资行为。

第二阶段，投机性融资，即债务人预期从融资合同中获得的现金流只能覆盖利息，这是一种利用短期资金为长期头寸进行融资的行为。

第三阶段，庞氏融资，债务人的现金流既不能覆盖本金，也不能覆盖利息，只能靠出售资产或者再借新债来履行支付承诺。当企业自己产生的现金流连利息都不能覆盖的时候，就不能单纯依靠本金滚动来维持资金周转，债务规模必然不断扩大。

在市场化环境中，这类丧失偿债能力的企业可能会较早被投资者甄别出来，及早止损而撤出对其的融资。而在人为外部支持和协调的背景下，部分已丧失偿付能力的企业仍然可能在相当长的一段时期内通过隐蔽且有计划的融资活动继续扩大债务规模，最终变成完全没有造血能力且严重依赖金融机构输血的“僵尸企业”。在过度依赖外部融资以及过度投机的企业经营策略盛行的第三个发展阶段，大量民营企业积累的资本和资产快速换手，是现在不良资产市场形成的主要供给方。

自 2012 年开始至今，可以理解为资产形成的第四个阶段。很多经济学家和金融从业者把这个阶段定义为一个中国经济结构的转型和升级阶段，但从更加宏观的经济发展角度看，我们更愿意把这个阶段定义为一个中国经济的平台期和修复期。

资产形成的第四个阶段的典型特征，是国有企业经营者更趋于减速发展和寻求稳定。金融创新和企业商业模式的创新，更多地出现在民营资本和民营企业中。尽管有一定规模的地方城投债暴露出了风险特征，但这一现象也仅仅是主流金融市场中占比极小的一部分。

这个阶段正在形成的不良资产具有多元化、碎片化、民营化等特征，其形成的因素也更加复杂。另外，除了商业银行的标准化不良资产之外，还有大量非标准化的不良资产也浮出了水面。

经济结构因素

从经济结构的角度分析，我们试图通过研究经济结构的发展规律来找出中国与西方发达国家资本市场中不良以及特殊资产形成的典型特征的不同之处和未来走势的区别。

首先看美国。美国是一个强调技术与科技创新的国家，最具代表性的就是富有冒险精神的证券市场。大量企业需要的资本通过发行股票进行募集，虽然市场具有极大风险且不稳定，但有严格的市场监管手段作为坚实的基础，大量通过证券市场发展起来的成功企业，依然为投资者带来丰厚的回报。这一略带英雄色彩的榜样作用，让证券市场吸引了数量巨大、规模各异的资金，机构和个人投资者都在根据各自的要求和目的在市场中寻找不同的投资目标，为美国股市提供了最庞大的资金基础，从而使美国股市的各类交投异常活跃，融资及并购活动频繁。

那么，在丰厚回报的诱惑下，抵押物是什么呢？

答案是股权和公司债券。美国的资本市场是一个典型的抵押“机会”的市场。所谓机会，有成功也会有失败。在美国，无论上市公司还是非上市企业，通常都具有一定的冒险精神，正因为如此，美国每年均有大量企业陷入暂时的财务困境，或者面临寻求被收购的状态。因此，美国是较早的将特殊机会当作一个行业来进行发展的国家。

秃鹫基金（Vulture hedge fund）正是在这一时期兴起的。传统的秃鹫基金指的是那些通过收购违约债券，进行恶意诉讼，从而谋求高额利润的基金。其早期做法相对简单：放便宜的贷款给那些有困难的公司，同时伴随着对公司管理层的恐吓，等公司无法偿付的时候，就开始打官司索取巨额赔偿，最后获得公司的控制权。

现如今，此类做法已经较少。基金经理们更愿意把自己称为“新的机会主义者”。他们在证券、债券、商业银行以及其他金融机构中寻找价值被低估的资产（主要是公司股权），通过改变财务状况、引进新的管理层，最终获得股权的增值。

2016年，美国Showtime公司出品的一部电视剧《亿万》（*Billions*），通过戏剧化的手段介绍了美国资产管理人的典型做法、监管以及利益冲突等细节。至于这部分的具体操作方法，我们会在后面的章节中详细描述。

另外一个典型的国家是英国。英国是一个依靠远洋运输、商业贸易、大综商品交易发展起来的大型经济体。在英国，大量兴起了商业银行、保险公司、债券发行机构等融资服务机构。因此，其信贷市场基于高流动性的抵押物（货物、收款依据、凭证等），得到快速稳健的发展，并成为全球最大的场外货币交易市场，同时英国也成为规则更为完善的全球大宗商品交易市场。

英国市场的典型融资特征，也就是明斯基强调的对冲性融资。即“债务人期望从融资合同中所获得的现金流能覆盖利息和本金，这是最安全的融资行为”。显而易见，这同时也是流动性更加偏稳定的融资行为。

英国的经济结构以及相对保守的金融政策，使得英国的不良资产管理市场远不如美国活跃。但由于“次贷危机”的爆发，依然导致了大量违约资产的涌现，虽然主要集中在英国的商业银行，但英国政府的做法更加偏向于由政府主导来消化次贷导致的不良影响。首先，通过政府的干预协调，几大商业银行推出了为贷款者提供半年“宽限”的政策，苏格兰皇家银行和纳特韦斯特银行还将此措施一直延续到2009年年底，以给资产拥有人足够的时间获得专业咨询。另外，在“次贷危机”发生后，英国的银行卖掉了比其他任何欧洲国家都多的贷款，仅2015年就一共卖出了600亿欧元。相比之下，德国和意大利只分别出售了价值200亿和250亿欧元的贷款。这也体现了英国政府在金融管理过程中监管层强有力的管理能力，以及相对美国而言，对于不良资产的处置较少使用投资银行等手段的特征。

有趣的是，全球最早的特殊机会投资其实是起源于英国。19世纪的英国高速发展铁路建设，至1845年11月，英国计划建造的铁路达1 200条，预计成本为5亿英镑，但同时，铁路公司累计负债6亿英镑。1847年10月，铁路股价暴跌九成，一批投资者在铁路股票的最低点买入，进而大赚了一笔，这也是特殊资产市场最早的典型成功案例。

对比美国和英国的经济结构及形成因素，再较之我们简要介绍的中国不良资产的形成过程，我们认为，基于经济结构的不同，对于资产的识别、判断、分析、处置方法，应该有独立的知识体系以及解决方案。完全借鉴海外经验，很可能无法在中国现有的经济结构中完全适用。

当下的中国经济处于一个迭代升级期，而非转型期。一方面是去产能、去库存、去杠杆、降成本、补短板的明确政策要求。通过对这些政策进行解读，我们得出的结论就是监管层决心果断割掉“腐肉”，压制企业和金融机构的激进冒险情绪，进而优化整体产业结构。另一方面，在实践层面，中国新金融政策试错过程刚刚完成，大量不良资产将进入流通市场，但国内不良资产市场的处置策略依然充满了困惑和不确定性。究其原因，或可基于过去60年中国经济的发展轨迹来推理，这是经济体制改革所必然付出的代价，在过去的60年中，不良资产形成最重要的因素莫过于2009年的4万亿元投资对中国资产市场的深刻影响。

2009年4万亿元投资刺激经济发展，此后，国内企业财务杠杆不断上升，目前仍处于历史高位。直至2012年以来，经济增速开始下滑，投资刺激经济的边际效果逐步弱化，投资回报趋于逐步降低，企业的经营利润难以产生足够的现金回流以覆盖融资成本，导致企业的偿债压力开始增大。庞氏融资（债务人的现金流既不能覆盖本金，也不能覆盖利息，只能靠出售资产或者再借新钱来履行支付承诺）的现象开始大面积出现，民营、股份制、国有企业均无例外。在经济下行的过程中，越是经营能力强的企业越会主动去加杠杆，越是经营能力差的企业只能被动加杠杆，这也致使风险进一步加大。而抵押物的特征则呈现出不稳定和虚假的特点，更为严重的情况是，完全踏空的抵押比比皆是。所以，在这样一个不同于典型的对冲融资和投机性融资的市场中，经济刺激导致的不良资产表现形式以及分类更为多元，法律因素也更加复杂，资产的质量也千差万别——这就是市场参与者面临的资产现状。

客观地来说，极少有投资合同或者信贷协议是以违约为目的来签署的。融资人的初衷均是以最后履行承诺为努力目标。但对融资者而言，融资行为通常基于两个因素：

- 当时的市场条件是否对形成经营利润足够有利；
- 基于经营发展的预期，在时间的变化过程中经济行为是否会发生变化。

那么，又是什么促使经济行为发生变化的呢？答案是制度和规则。

在我国，除了企业自身经营的原因之外，还有两个重要因素：一是社会制度发生了变化，另一个就是规则发生了变化。

举个简单的例子：使用高杠杆的房地产企业，遇到“限购”“限售”，这就是制度发生了变化。在融资初期所设计好的财务规划没有了现金流支撑，企业经营受压制，即刻陷入困境。对于一只参与股指期货的对冲基金而言，基金成立时管理人所管理的资金建立了总仓位50%的空头头寸，并且该头寸属于融券持有。但在随后的时间中，交易所基于稳定金融市场的角度考虑，修订了交易规则，限制做空，也导致该基金基本投资策略失效，瞬间陷入困境。

中国处在一个改革在不断推进的时代中，社会制度的不断完善和修正以及规则的经常性变化是管理层必须做出的调整决定，而这些决定也的确给政策嗅觉并不灵敏的企业家带来了不易评估的运营风险。

因此，在我国制度和规则的变化影响下的违约市场和西方资本主义社会的违约市场有着较大的区别和差异，这也是从业者需要特别保持独立思考与警惕的关键因素。

第二节　不良资产的供给来源

就资产管理行业供给端不良资产来源而言，大致可分为两类：金融机构的不良资产和非金融机构的特殊与不良资产。

在中国经济处于新常态、转型升级的过程中，产能过剩行业面临深度结构调整的压力。随着中国经济结构性调整的持续和深入，金融类和非金融类不良资产的供给仍将长期保持充足，这将为不良资产管理行业的发展带来长期利好。

中国的不良资产供给来源主要包括以下几个行业和企业。

商业银行

根据官方统计，中国的商业银行大约有 1.55 万亿元不良资产。另外，少数地方商业银行分支机构采取违规手段来掩盖不良贷款；同时，不少银行的分支机构还在通过借款合同要素的调整、展期、重组甚至借新还旧等方式来掩盖真实的信贷资产质量。在正常关注类贷款中，仍会有个别事实不良贷款，我们基本可以将其视为“问题贷款”。现金清收、呆账核销是银行不良贷款处置的最主要方式，批量转让实际是现金清收和呆账核销两者的结合。

近年来，中国的商业银行通过批量转让方式处置不良贷款的比例逐步增大，从 2013 年的 10% 升至 2015 年的 32% 。从目前的情况分析来看，银行不良贷款的核销、抵债等处置，要受到一定的政策约束和市场环境的限制，还会因情况变化多、相互交叉多、涉及的责任人多等因素，导致有些贷款难以及时核销，有些抵押物很难处理。这是国内不良资产市场从业者，特别是商业银行面临的一个重要挑战。

大型商业银行通过不断地完善信贷流程，加强风险控制，不良贷款率正在逐年下降。而地方性商业银行，以及一些作风激进的股份制银行成为新的不良资产增幅较大的主要来源。2003—2013 年，中小银行总资产从 4.3 万亿元增至 33.53 万亿元，增长 7.8 倍。2010 年的增长速度达到 29% 的历史高点后进入下行通道（资产规模增速放缓），发展拐点显现。在利率市场化背景下，息差收窄导致银行利润增长承压，近年增长速度下降至 13% 左右。商业银行的不良贷款中农商行不良贷款的增幅最大，同比增幅达 71%。由此可见，地方性的中小银行正在成为不良资产市场新的主要供给者。

在政策和治理结构越来越完善的中国，监管层无法忍受不良资产不透明所带来的金融稳定风险，因此开始严控商业银行风险后移的虚假解决办法，并以更严厉的法规和有效的监管手段督促商业银行的不良资产真实处置。从这个角度而言，未来将有更多的商业银行不良资产进入转让市场。

特别值得我们注意的是：商业银行不良资产的主要购买者目前依然是华融、东方、信达、长城这四大资产管理公司。四大资产管理公司资本总额约 3 600 亿元，最大可承接不良资产规模约为 2.88 万亿元，截至 2017 年年底，已经持有不良资产余额 2.4 万亿元，距离最大可承接规模尚有 4 800 亿元的剩余空间。推算全国各地方资产管理公司资本总额，介于 685 亿元至 1 150 亿元之间，合计不良资产承接能力介于 5 480 亿元至 9 200 亿元之间，我们推算，全国地方级资产管理公司最大尚能增加承接约 6 400 亿元不良资产。

基于以上数据，可以得到一个基本判断：如果维持现在的资本总额不变，截至 2018 年年底，不良资产的出让将达到资产管理行业中持牌机构资本能够承接的上限。如果支持中国经济的商业银行没有更好的出表模式，监管层会默许不良率在银行内大幅攀升吗？或者，监管层将会允许这些有问题的不良资产大量证券化吗？我们认为，这两条路可能都走不通，最有可能的情况是允许更多的民营资本和新型公司进入这一市场。

这显然是潜在的商业机会，市场参与者当下就该提前布局。

证券市场和债券市场

我国债券市场总规模大约为54万亿元，股市流通市值大约35万亿元，可以交易的金融资产总量大约在90万亿元左右。假如按照平均4%的票息，债券市场能提供的稳定回报大约为2万亿元，按照2%的股息，证券市场提供的分红回报大约为7 000亿元。而金融市场的有效回报其实只有3万亿元，这意味着平均到80万亿元的市场参与资金上，回报率很难超过4%。

但是，为什么在过去的时间中，股市以及债券市场的回报率均远高于此？结论只能是持有人的资本利得或者估值提升，而这并不代表底层资产的价值有所提升。

国内有相当数量的投资者对于资产的净值缺乏正确的判断方法，也忽略了市场存在的风险。从2016年开始，地方债置换和发行加快，这并不是一个积极的现象。现在，地方政府正在保持经济增长速度，短期内，在依然持续中高速增长的目标和加强改革这个更重要的目标之间，要做一个艰难的选择，这势必要有所取舍。但无论如何，地方债务的风险已经开始暴露在投资者面前。

截至2017年年底，中国债券市场信用风险的暴露频率均远超过前两年的水平。除城投公司外，各类主体刚性兑付均已打破。

同一主体连环违约多发，地方政府开始逐渐放弃兜底担保，地方国有企业也逐步开始试探打破刚性兑付，违约类型更加多元化。个别主体触发回售或交叉违约条款，特别集中在房地产领域以及交易所私募债券违约风险的释放。2017 年后的 5 年时间将是交易所债券的密集回售及兑付期，债务偿还压力将继续上升。交易所 ABS（资产证券化）市场也将逐步开始出现违约。这类收益权产品的基础资产较为单一，风险分散效果较差，现金流的稳定性容易受到特定因素的影响。未来，普通投资者或许应该特别关注现金流高度依赖于基础资产的运营状况，而内部增信措施又比较有限的 ABS 产品的信用风险。

依照规律，未来几年，普通投资者可能会面临如下大概率事件。

一是上市公司的市盈率安全边际随着市场的调整自我进行调节，估值和每股净利润的下滑导致证券市场收益率逐渐走低或市场分化呈现更加严重的趋势。

二是债券市场违约概率提高，导致资产荒进一步加剧，投资者投资风格更加趋于保守。

三是新三板市场中的上市公司与投资机构的对赌协议到期以及近几年大规模发行的新三板定增基金即将到期等因素，将促使新一轮违约市场的形成。

投资机构和市场参与者应该持续保持客观的态度，并反思当下的一切投资行为：我们购买的资产是否体现了真实资产价格？我们对资产净值是否存在客观判断的能力？

债券和证券市场作为不良资产市场的一个供给来源，目前较广泛地和民间资本合作的可能性并不大，但在未来，这个市场将广泛展开和战略资本以及民营资本的全面合作，这是大势所趋。

僵尸企业

什么是僵尸企业？国务院提出的界定标准为：“不符合国家能耗、环保、质量、安全等标准，持续亏损3年以上且不符合结构调整方向的企业。”满足这些条件的企业就可以被认为是僵尸企业，可明确要求对其实行关停并转或剥离重组。

经济学家彼得·科伊（Peter Coy）提出：僵尸企业是“那些无望恢复生气，但由于获得放贷者或政府的支持而免于倒闭的负债企业”。该类企业不同于因资产问题陷入困境的企业，无法很快起死回生，具有对商业银行“绑架勒索性”的特征，而且还具有明显的“吸血”特征——长期性、依赖性。

僵尸企业经济效益低下，却占用了大量的土地、资金、劳动力等资源，导致国家资源无法向收益更高的部门和企业流动，造成了严重的资源错配。竞争格局变成“剩者为王”，最终反而是部分效率较高的企业先被淘汰。

我国现阶段僵尸企业比例最高的行业主要是钢铁、房地产、建筑装饰、商业贸易。前面已经介绍过：20世纪50年代的大工业时期，大量高能耗企业兴起，这是第一批僵尸企业的起源。2008年，金融危机导致中国的僵尸企业规模显著增加。截至目前，僵尸企业不仅有国有企业，还有民营企业，这些企业在无力进行债务偿还时，仍然可以获得大规模的融资，甚至到后期连利息都要靠融资来偿付。而伴随其资金链的绷紧和影响范围的扩大，相关利益主体更加不敢贸然对其停止“输血”，只好推动此过程不断自我强化。等到债务泡沫无法维系而被刺破的那一天，必然会形成更大的债务和金融危机——加大债务泡沫，加剧金融风险。

僵尸企业之所以长时间存在，主要是来自地方行政机构和银行信贷两方面的支持。从地方行政机构的角度，出于“稳定就业率”的目的，会选择补贴和救助僵尸企业。

一是僵尸企业通常为制造业，吸纳当地就业较多，一旦倒闭可能使当地失业率上升，产生劳资纠纷，影响社会稳定。

二是僵尸企业在经济景气时期，通常是地方纳税大户，对于当地经济发展做出过较大贡献，而经济下行期，一时难以找到新的转型出路，地方行政机构很难坐视不理。

从银行的角度，给僵尸企业继续贷款则主要是出于以下几个动机。

一是相关贷款具有政府增信或隐形担保。

二是近年房地产等资产价格的上涨使得僵尸企业抵押物的价值提升。但资产价格能否持续上涨也有待检验。

三是僵尸企业绑架商业银行，一旦终止贷款会导致不良资产快速暴露。

四是僵尸企业之间存在千丝万缕的联系，信用风险暴露会发生连锁反应，影响金融体系稳定。同一区域或同一产业链上的企业往往存在商业信用资金往来（经营性应收应付）、联保互保等关联，一旦一家企业倒闭，可能会导致多米诺效应，从而影响区域内金融体系的稳定。

僵尸企业的清理将对不良资产市场中超级庞大的供给来源产生影响，其处置难度也使得一般机构难有介入的能力。不仅要有复杂的与相关金融机构沟通的能力、与地方政府沟通的能力，还需要有竞争性的交易结构、引进外部资源的能力，方能对其清理产生有效的作用。

部分有投资银行经验的资产管理公司在对于僵尸企业的改良业务实践中尝试了一些积极的方案，在后面的篇幅中我们会和大家分享。

民营企业

我国近年经济高速增长，并且呈现明显的投资拉动性。社会固定资产投资实际值快速增长，2003—2007 年同比增速均维持在 20% 以上。虽然 2008 年受全球金融危机影响，投资比例降至 15.56%，但 2009 年在 4 万亿元投资的拉动下，再次增至 33%。2010 年以来，随着经济下行，固定资产投资有所放缓，但也仍维持在 15% 左右的增速。在 2012 年以来，经济增速下滑的同时，投资刺激经济的边际效果也逐步弱化，投资回报趋于降低。产能过剩的行业内部正聚集大量风险，民营企业公司治理问题以及实际控制人的风险也逐步显现，个别主体触发回售或交叉违约条款。并且很多强周期的行业在长时间里未体验过下行周期，风险应对能力也相当薄弱。

伴随着企业经营的主动违规、应对政策的被动违规、信贷策略的不准确，以及产品经营策略的失误，少部分民营企业每年的现金流入覆盖投资开始出现困难，开始依靠债务融资去偿还利息，部分企业的债务融资已经向庞氏特征发展，并逐步沦为困境企业，深陷风险的沼泽之中，越陷越深，难以自拔。

这类资产的处置难度也非常之大，我们以较为典型的民营房地产企业信贷违约的形成分类以及解决难点所在为例，做一个简要表述（见表 1.1）。

表 1.1 部分民营房地产企业不良资产的典型处置难点

分类	特点	典型难点
涉及违规、违建、超建的房产	1. 手续不全 2. 不可销售 3. 导致所有权人资金无法回笼，进而影响其他资金需要，产生多米诺效应	1. 解决批文、销售证等手续问题 2. 缩短变现周期问题 3. 政府沟通、各部门协调、法律适用问题
政策性原因导致的经营困境	1. 政府政策变更 2. 政府领导换届 3. 城市规划调整导致困境	1. 与政府沟通的经验 2. 应对政策变化的能力 3. 处置的不确定性 4. 重新定价估值
基于债权、债务纠纷产生的信贷违约	1. 法律关系交错繁杂 2. 司法程序错误	1. 了解地方司法环境 2. 聘用专业律师 3. 熟悉执行程序 4. 债务重组的谈判与设计 5. 重新运营及盘活
地产开发商的项目定位失误导致的信贷违约	1. 项目或经营不切合当地市场 2. 赢利、变现能力弱 3. 资金回流阻力加大	1. 项目改造盘活 2. 寻找新盈利点 3. 整体转让
滞销导致的信贷违约	库存积压	重新定价
上述原因结合的综合不良资产		1. 引进专业投资银行服务 2. 对资产的再估值能力

基于民营企业的财务高杠杆化，民营企业的债务危机将成为非金融类不良资产来源的另一个高量级爆发点，不良资产市场的参与者不能把专业的投资行为当作高风险的赌石游戏来参与，而应该重点考虑团队人才的跨界能力、对资产的定价能力，以及拥有一套经过实践的估值逻辑与模型，这些因素，才是进入这个市

场的最基本条件。

第三节　模糊的定义与显著特征

“不良资产”的定义为：由于特殊原因而被持有或需处置变现的资产，因过度的信用风险、市场风险、流动性风险而导致价值显著被低估，具有变现需求急迫、（可能存在）巨大的升值潜力等特征。因此，“出现减值”的“不良债权资产”，同时也有“价值低估、具有短期变现需求、存在较高升值潜力”的收益权、实物等资产。不良资产通常有狭义与广义之分（见表1.2）。

表1.2　狭义与广义的“不良资产”

项　目	狭义的不良资产	广义的不良资产
定义	“出现减值”的“不良债权资产”	“价值低估、具有短期变现需求、存在较高升值潜力”的债权、物权资产，也可以称为“特殊资产”或“困境资产”
资产来源	银行	各类金融机构和非金融机构
是否已为不良	是	不一定
处置目的	核销处置或优化报表	应急变现等流动性需求
资产形式及规模	单笔较小，数量众多（一般10笔以上），单笔规模较大	单笔较多，单笔规模数额大小不一
处置方式	批量转让或个体转让	个体转让、债转股、并购、混改、整合等

上述不良资产的供给源，给投资者折价购买资产带来了价格空间，并通过运营、再出让以及获得直接处置机会而最终获取利差。从全球不良（特殊）资产投资发展历程来看，掌握了核心的金融与地产技术、知识、人才，并能结合牌照优势的团队，往往能获取最大收益，从而对团队的要求也较其他资产管理行业更高，团队成员必须具有能有效与当地政府沟通的能力、对外部资源进行合理运作的能力、熟练司法程序与法律运用的能力、较高的谈判能力、不动产盘活重整运营的能力、金融风险控制能力、资产估值能力。

不良资产的主要特征包括以下几个方面。

1. 经济周期导致的折价。资产的转让价格阶段性地低于真实价值。价差主要由最终资产处置方获得。在获得资产的过程中，成本会随经济下行而下行，但同时持有资产的价值也会下降。两者均有顺周期的性质，且价差收益在时间轴上存在错配。

2. 变现流动性暂时丧失导致的折价。违约资产的处理、呆账出让，由阶段性的特定资产处置的供需状况决定，影响的因素还包括处置的时间紧迫性、资产的完整性等。由于行业进入壁垒或信息不对称的缘故，这部分价值会一直存在，同时由于经济下行中不良资产供给端规模数量的扩大（例如银行粉饰报表、企业资产变现筹集流动性资金等），还会呈现出整体收入的逆周期属性。

3. 不良资产价值被发现和再分配。随着时间周期的变化，不良资产的抵质押物的价值也会跟随经济周期发生变化，当抵质押物价值超过初始评估价值时，资产处置方可获得资产的剩余价值。同时，当资产的流动性价值被发现时，在市场的转让行为中，将存在价值再分配的机会。

4. 由第三方介入干预（比如破产重整）。破产处置企业资产，或是给那些濒临破产但仍有发展潜力的企业再生的机会，主动对企业治理结构进行改良，通过先破产后兼并、先代管后兼并、先承包后兼并、先租后破产再兼并等方式使企业复苏，最终使其恢复清偿债务的能力。同时，参与机构也将获得更大的利润。

不良资产管理的本质是转让流动性，在“时间”和“空间”两个方面对不良资产价值进行重新发现和再分配的过程。这意味着以下两个实现基础。

- 出现阶段性的价格下跌低于实际账面价值的情况。
- 资产持有方有极强的变现需求。投资者所获得的价值是资产价值和价格之差异在空间和时间两个维度上的再分配。

时间是最宝贵的财富。不良资产处置本质上正是一个时间换空间的过程。一个相对较短的投资周期可能对于有成本的资金来说会形成投资的盈利，而对于较长的投资周期，基于财务成本的增加可能就会变成投资亏损，时间是这个行业的一个核心因素。

近年金融市场更低的介入门槛，使得资本的流动性充裕并带来大量投资的冲动；同时，新兴金融机构粗糙的商业模式，加之严重违背经济规律的假设下的高风险与高利润的冒险行为，共同构成了一个无人能概览全貌的庞大的违约市场。优质资产、有瑕疵资产以及完全消失的资产混杂在一个庞大的经济体中，吸引着大量的“淘金者”从各个角落涌向这个充满挑战和激烈争夺的市场。

但是站在不良资产投资者的角度，基于资产市场的新增因素，需要我们拥有与传统资产管理者不一样的思考，思考过去不良（特殊）资产形成而导致的事业机会，同时，也能对正在形成的不良（特殊）资产有所警惕和思考。而更重要的，是启发我们通过观察不良（特殊）资产形成的轨迹，寻求即将发生的市场机会，并提前布局解决方案以及投资策略。

国内外有不少案例，不良（特殊）资产投资者通过在该市场投资而获得了巨大的成功，这其中也不乏我们耳熟能详的企业家和政治家。

1975 年，现任美国总统唐纳德·特朗普（Donald Trump）以 1 000 万美元买进邻近纽约中央火车站的破旧旅馆，历经 5 年的运筹帷幄，不仅说服市政府给予 40 年减税优惠、顺利办妥贷款手续，还亲自监督重建工程。于 1980 年竣工的凯悦大饭店，是特朗普房地产事业上的重要里程碑。他以重金聘请了当时著名的建筑师设计新颖美观的旅馆外貌，内部装潢也独具匠心，吸引了络绎不绝的宾客。直至今日，凯悦大饭店依旧生意兴隆。

现任美国财政部长史蒂芬·努钦（Steven Mnuchin）也是一位特殊资产交易高手。2008 年，受金融危机影响，在信贷紧缩、房价暴跌、止赎上升等重重打击下，印地麦克银行被查封，成为美国历史上第二大遭关闭的金融机构。努钦看准时机，联合华尔街著名的对冲基金经理约翰·保尔森（John Alfred Paulson）和金融大鳄乔治·索罗斯（George Soros）等组成投资团队，试图收购印地麦克银行。因为急于抛出问题银行，联邦存款保险公司资助了努钦及其投资团队为主的收购方。2009 年努钦及其投资团队为印地麦克银行注入了 15.5 亿美元的资金，并将其改名为印地麦克联邦银行。努钦等人对银行的相关事务进行了一系列改革以及业务优化，获得了高额回报。

长江实业的李嘉诚先生也很善于把握资产收购机会。20世纪70年代李嘉诚抄底香港经济。1973年先是香港大股灾，之后又是世界能源危机，香港老牌洋行和记黄埔陷入财务危机。当时，汇丰银行出手注资1.5亿港币给和记黄埔，条件是汇丰获得和记33.65%的股份，成为和记的大股东，而黄埔则脱离和记。1977年，和记跟黄埔再次合并，不过新组成的和记黄埔依然亏损连连，于是汇丰银行开始考虑出售所持有的和记黄埔股份。汇丰银行多番找寻买家，在外界一无所知的情况下，李嘉诚与其展开收购股份的洽谈事宜，同时，极其低调地分散收购和记黄埔的股份。李嘉诚深知汇丰银行绝对不会长期控股和记黄埔，因为金融机构直接操作企业，于理不合、于法不通、于情不便，因此其出售和记黄埔的股权只是时间的问题。他摸透了汇丰的意图：不单是售股套利，还指望放手后的和记黄埔经营良好。1979年9月25日，李嘉诚在长江总部宣布以每股7.1港元的价格收购和记黄埔9 000万股，占公司22.4%的股份。收购和记黄埔，令李嘉诚摆脱了本地华资地产商的局限，一跃而成具备国际视野、国际业务的多元战略投资者。

在国内的房地产领域，SOHO中国的领导人潘石屹也是一位资产盘活高手。SOHO中国收购烂尾楼的密集期要从2007年算起。作为SOHO中国上市后的首笔交易，潘石屹一口气从华远集团购得两处烂尾楼——“民源大厦”和“北京公馆”，更名为“光华SOHO Ⅱ”和“SOHO北京公馆”。从此，SOHO中国大量收购北京、上海两地的烂尾项目。在SOHO中国从2009年至今做过的18个项目中，有9个在接手前是空置、烂尾，可谓占据半壁江山。有媒体以北京嘉盛中心项目为例，计算过SOHO中国在烂尾楼大赚的数额。当时SOHO中国斥资23.4亿元，以不足23 000元/平方米的单价收购这个写字楼，而收购时项目已竣工，SOHO中国在收购后两个月内就启动了该项目的销售，平均单价为43 000元/平方米，比收购价格高出约89%，开盘首日就售出了4.7万平方米，收回了总投资的约90%。易城中国提供的数据显示，2011年3季度，北京甲级写字楼平均售价为30 620元/平方米，而SOHO中国的写字楼售价早在2007年上市的时候就已达35 775元/平方米，2010年则达到59 824元/平方米，年复合增长率近20%，且一直高于周边住宅价格。高售价使得SOHO中国的净利率远超房地产行业平均13%的水平，且在2009年达到45.7%，2007年和2010年又分别达到28.58%和20.71%。SOHO中国依靠收购烂尾楼、盘活资产获得高额利润，已成为业内操作的典型案例。

第四节 深度思考不良资产

贷款风险分类

银监会2007年7月3日印发的《贷款风险分类指引》（银监发〔2007〕54号）将贷款分类定义为“商业银行按照风险程度将贷款划分为不同档次的过程，其实质是判断债务人及时足额偿还贷款本息的可能性”。并规定“商业银行应按照本指引，至少将贷款划分为正常、关注、次级、可疑和损失5类，后3类合称为‘不良贷款’”（见表1.3）。

表 1.3　商业银行的贷款 5 级分类

分　类	借款人的实际还款能力	风险程度（贷款损失的概率）
正常贷款	能够履行合同	=0
关注贷款	偿还能力受到不利因素影响	≤5%
次级贷款	无法足额偿还贷款本息，需要通过处分资产或对外融资乃至执行抵押担保来还款付息	30% ~50%
可疑贷款	无法足额偿还贷款本息，存在借款人重组、兼并、合并、抵押物处理和未决诉讼等待定因素，损失金额尚不能确定	50% ~75%
损失贷款	损失确定，银行没有意义和必要再将其作为银行资产在账目上保留下来，对于这类贷款在履行了必要的法律程序之后应立即予以注销	75% ~100%

但以上分类的商业银行不良率仅反映留在银行报表内的不良贷款，另有部分不良贷款被核销或出售，不再反映在报表不良率中。5 级分类中，只有“次级”“可疑”“损失”3 个级别被定义为不良贷款。在不良贷款中，银行每年会对其中确认无法收回或收回概率及难度大的部分进行核销或打包转让。因此，外界在每年年末看到的银行报表不良贷款余额，已经减去了被核销和转让的部分，其实是不良贷款的净余额。

基于贷款拨备率和拨备覆盖率的考虑，商业银行过去往往会在不良资产管理处置中进行诸多越界行为，以游移于监管红线的基准上下为参照。主要做法就是把本应划分为不良的贷款仍然放在正常类和关注类，减少不良贷款金额。目前，随着监管趋于严厉，此种情况在全国的银行机构中正在快速减少（见图 1.1）。

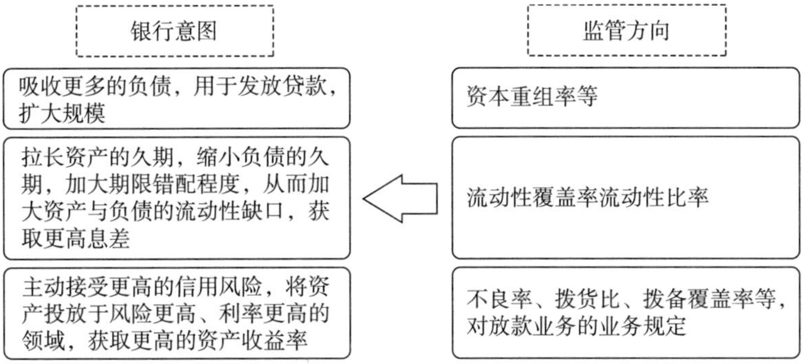

图1.1　商业银行与监管层的关注重心

当银行不良率低于或等于1.67%时，始终需要保留占贷款总量2.5%的拨备；当银行不良率高于1.67%时，银行需要保留的拨备水平（不良率×1.67%）将高于2.5%。一旦不良率升高至1.67%，银行将加大核销不转让力度，将多余的不良贷款移出报表。

为了甩掉包袱、轻装上阵，少部分商业银行采用人为的方式，如调整贷款分类、非法核销、与同业互相代持及非洁净转让，在短期内起到降低不良率、美化报表数据的效果，但从长期而言，信用风险并未真正被化解，依然停留在银行内部，且由于减计了风险资产，少提了拨备，抵御风险的能力反而会变弱。

而由于监管的严厉要求，直接导致商业银行必须将不良资产以各种形式最终处置，其本质均是将不良资产出表。表1.4所述模式中，部分出表方式已被监管列为违规。

表1.4　历年来商业银行不良资产处置主要模式

模　式	操作方式	难点/监管限制
卖断清收	现金清收、盘活、诉讼保全和以资抵债	清收结果受借款人道德因素影响较大，诉讼成本较高

（续 表）

模 式	操作方式	难点/监管限制
重组	在充分评估贷款风险的前提下，与借款人共同修改还款条件	重组条件仅适用于短期财务困境企业
核销	银行从利润中将无法收回的贷款注销	银行承担相应财务损失
通过资产管理公司进行剥离或买断	商业银行将不良贷款打包按面值原价或折价出售给资产管理公司	银行承担折扣部分的损失
收益权转让的通道业务	资产管理公司为商业银行提供通道卖出不良，银行再以远期回购协议买回	2016 年 3 月，银监会发布“56 号文”要求资产管理公司不得为银行业金融机构规避资产质量监管提供通道；4 月，又发布“82 号文”，要求出让方银行不得通过本行理财资金直接或间接投资本行信贷资产收益权
银银互持模式	银行间相互以理财资金购买对方不良信贷资产	银监会在 2010 年《关于进一步规范银行业金融机构信贷资产转让业务的通知》中规定：银行业金融机构不得使用理财资金直接购买信贷资产
卖断反委托	银行将不良资产向资产管理公司卖断出让，再由资产管理公司委托商业银行处置清收，商业银行可以分享处置收益	由于资产管理公司参与处置分配，从而降低了银行收益
设立不良资产处置基金	由银行投资子公司和资产管理公司子公司合资成立不良资产处置基金，委托资产服务商进行处置	由于认购基金的资金中没有直接来自银行的理财资金，也不涉及各类回购条款，虽然不属于违规范畴，但实际操作尚具有一定难度

针对商业银行的不良资产处置方案，在符合监管的前提下，除了上述方案之外，商业银行还可以与银行业信贷资产登记流转中心合作，设计更多不良资产处置方案，包括但不限于以下内容：

- 正常类贷款的信贷资产收益权转让；
- 同业投资非标转标；
- 关注类信贷资产收益权转让；
- 次级类信贷资产收益权转让；
- 可疑和损失类信贷资产收益权转让；
- 设计表外盈利结构。

无论上述何种形式的不良资产出表，其均要以符合银监会对于信贷资产出表的要求作为基本前提。

金融资产转移能否会计出表的 3 个要求

根据《企业会计准则第 23 号——金融资产转移》判断金融资产转移能否实现会计出表，即准则中的终止确认，需分三个步骤进行讨论：第一步，是否实现权利的转移；第二步，是否实现风险和报酬的转移；第三步，是否实现控制的转移。

1. 实现权利的转移。符合金融资产转移要求，权利已全部转移给转入方，包括以下两种形式之一：收款权的转移（如金融资产所有权或者信托受益权的转让）或现金流量过手安排（必须同时满足 3 个条件：不垫款、不挪用和不延误）。

2. 实现风险和报酬的转移。风险和报酬已几乎所有转移给转入方，主要包括：评价风险和报酬。比较转移前后该金融资产未来现金流量净现值及时间分布的波动使其面临的风险，通常反映在标准差等指标上：界定“几乎所有”的标准。国际四大会计师事务所将“几乎所有”约定为90%左右；如果转出方既没有转移也没有保留特殊不良资产所有权上几乎所有的风险和报酬，那么可考虑通过控制出表来实现不良资产的完全出表。

3. 实现控制的转移。想要证明转出方放弃了控制，必须通过转入方来佐证。先看转入方能否单独将转入的金融资产整体出售给与其不存在关联方关系的第三方；再看对此项出售有无额外的条件加以限制。如果转入方要求发起行在转售时继续担任资产服务商，或者提供限额财务担保，控制出表则较难实现，只能按照继续涉入法进行确认和计量。

在符合监管要求的基础上，外部三方金融服务机构可结合自身条件以及业务经验，从而考虑展开与商业银行相应的业务配合，如中介业务、配置资金以及直接处置等市场化商业行为等（见表1.5）。

表1.5　外部三方机构可提供的服务

业务类型	业务性质	业务范围	业务特征
中介业务	提供服务、咨询	金融资产登记服务	风险小、收益有限
配置资金	提供部分资金	财务投资并委托银行处置	与资产管理公司合作
处置者/接盘者	提供全部资金	接收并处置资产包	收益最大

第五节　不良资产市场的参与者

第一类：　商业银行

金融类不良资产市场的主要参与者是商业银行：包括 6 家大型国有商业银行（中国工商银行、中国农业银行、中国银行、中国建设银行、中国邮政储蓄银行、交通银行），12 家全国性股份制商业银行（招商银行、浦发银行、中信银行、光大银行、华夏银行、民生银行、广发银行、兴业银行、平安银行、恒丰银行、浙商银行、渤海银行），其余还有 134 家城市商业银行和约 302 家农村商业银行（另有多家正在筹建，所有农村合作银行均要改制为农村商业银行）。

商业银行在不良资产市场中的业务特点与发展方向如表 1.6 所示。

第二类：　四大资产管理公司

信达、华融、长城和东方这四家资产管理公司分别于 1999 年成立，其中东方对应接收中国银行的不良资产，信达对应接收建设银行和国家开发银行的不良资产，华融对应接收工商银行的不良资产，长城对应接收农业银行的不良资产。

成立之初，财政部为四家公司各提供了 100 亿元资本金，央行发放了 5 700 亿元的再贷款，资产管理公司获准向对口国有商业银行发行了固定年利率为 2.25% 的 8 200 亿元金融债券，并用这些钱向四大行收购 1.4 万亿元不良资产。

资产管理公司可收购国有银行不良贷款，管理和处置因收购不良贷款形成的资产，以最大限度保全资产、减少损失为主要经营目标。在管理和处置资产时，它们可以从事追偿债务、资产租赁或者以其他形式转让、重组等活动。资产管理公司应当按照公开、竞争、择优的原则管理和处置资产，在转让资产时，主要采取招标、拍卖、竞价等方式。

表 1.6　商业银行在不良资产市场中的业务特点与发展方向

项　目	商业银行
参与身份	出让方
不良资产业务特点	资产出让和银行建立直营的资产保全机构双轨运营，自主清收与批量转让结合，近年来，随着风险控制体系的逐步完善，商业银行对外公开转让占比正逐年下降
关键性需求	调节报表、真实处置、挪出规模
未来方向	向下成立专业的“坏账银行”，原本的银行将不良资产、高风险资产及非战略性业务的资产转移给专业坏账银行，让资产负债表“去杠杆化”，保持原有银行健康运营，主要的做法如下： 1. 通过分离、减少或逐渐退出不良资产或高风险资产，来保持和维护原银行业务条线的健康成长与发展 2. 分离银行的战略性和非战略性业务与资产，将不再为银行主力发展业务或欲退出的业务条线移至坏账银行 3. 利用坏账银行债务重组和追债能力，打造新的债务重组与催收的业务条线，成立债务清收业务机构 4. 坏账银行将开展专业化的不良资产管理，专注于如何将高风险资产价值最大化

四大资产管理公司在不良资产市场中的业务特点与发展方向如表1.7所示。

表1.7　四大资产管理公司在不良资产市场中的业务特点与发展方向

项　目	四大资产管理公司
参与身份	出让方和收受方
业务特点	1. 收购国有银行不良贷款、管理和处置因收购不良贷款形成的资产 2. 通过反委托处置等方式帮银行出表，也可利用牌照优势帮民间资产管理公司收购银行不良贷款 3. 多元化的业务经营，业务对象包括银行、保险、证券、期货、信托、融资租赁、基金等
资产包取得	银行批量转让
处置方式	自行处置或对外转让
业务经营区域限制	无
经营许可	需要金融许可证
优势	资本金雄厚、有丰富的行业经验和业务团队
劣势	受监管，灵活度欠缺
未来方向	1. 向客户提供更加个性化和多元化的金融服务和解决方案，业务范围从金融机构向非金融机构延伸，增加非金融领域不良资产管理的比重 2. 注入投行思维和整合运作方式，对资产进行改良，让资产整体价值得到提升 3. 与产业资本合作 4. 与行业优质参与者合作，打造服务生态供给

第三类：地方资产管理公司

截至2018年6月，我国共成立了44家地方资产管理公司。《中国银监会关于地方资产管理公司开展金融企业不良资产批量收购处置业务资质认可条件等有关问题的通知》（银监发〔2013〕45号）中明确了各省、自治区、直辖市政府可根据需要设立或授权一家地方资产管理公司开展金融企业不良资产批量收购、处置业务。各地方资产管理公司经省级政府核准后，须将相关文件同时抄送财政部和银监会。在银监会统一公布合格地方资产管理公司名单后，金融企业才可按照《金融企业不良资产批量转让管理办法》（财金〔2012〕6号）等规定向地方资产管理公司批量转让不良资产。目前地方资产管理公司的业务特点和发展方向如表1.8所示。

第四类：民营资本

所谓民营资本，就是掌握在民营企业以及股份制企业中，属于私人股份和其他形式的所有私人资本的统称，其形式很多样。近年来，小额贷款公司、互联网金融、私人资本、民营上市企业等纷纷加入了不良资产处置行业，而“江浙沪”（江苏、浙江、上海）一带的民营资本尤其活跃。

银行和四大资产管理公司之间的转让行为，我们称为“一级市场”交易。而民营资本并不被允许参与一级市场交易，只能和资产管理公司合作，从资产管理公司取得资产，即不良资产的“二级市场”交易。

民营资本在不良资产市场中的业务特点与发展方向如表1.9

所示。

表 1.8　地方资产管理公司在不良资产市场中的业务特点和发展方向

项　目	地方资产管理公司
参与身份	出让方和收受方
业务特点	1. 收购重组类业务、收购处置类业务、债转股业务 2. 通过反委托处置等方式收购银行不良资产，也可利用牌照优势帮民间资产管理公司收购银行不良贷款 3. 业务局限于本地
资产包取得	银行批量转让
处置方式	自行处置，不可对外转让
业务经营区域限制	所在省（市）范围内，一个地区原则上只设一家
经营许可	需要金融许可证
优势	有地方政府支持，熟悉地方资产特点、熟悉属地的司法和信用环境，有地方信息和资源的优势，有人脉资源优势
劣势	受监管、资本金不足、不够灵活、缺乏行业经验和专业团队
未来方向	1. 加入地方债转股业务、深耕地方性商业银行；同时着手引进熟悉当地市场与政策的人才，助力政策研究和风险控制，提高不良资产处置业务的本土化程度和运作效率 2. 与优质资产管理公司、服务机构合作，将专业和资源结合，精耕业务 3. 提升资产的多元化主动管理能力，强化资产管理业务模式 4. 强化投资银行业务能力 5. 与地方产业战略挂钩，围绕产业链，专注资产并购业务

表 1.9　民营资本在不良资产市场中的业务特点与发展方向

项　目	民营资本（二级市场）
参与身份	资产收受方
业务特点	1. 与四大或地方性资产管理公司合作，通过招投标、拍卖等公开方式或法律许可的其他方式从出售方购入金融不良债权资产 2. 直接参与单一或少量（低于 10 户）的不良资产出让及管理业务 3. 参与非银行机构的不良资产出让及管理业务
资产包取得	一是从四大资产管理公司购得，二是从非金融不良资产市场化中获取
处置方式	通过债务追偿、债权转让、以物抵债、债务重组等多种方式对受让债权等资产进行自行清收处置
业务经营区域限制	无限制
经营许可	无须
优势	不受监管、灵活、多样化
劣势	资产来源受限制、资本金不足、缺乏行业经验和精尖的团队力量
未来方向	1. 专注某一领域，精细化、基金化运作 2. 与优质资产管理公司、服务机构合作，减少投资运作风险 3. 专注于某一领域做深度研究，与上市公司、房地产商深度合作

第五类：　其他金融机构

券商、信托、私募基金也开始在金融不良资产市场当中活跃起来，其主要优势就是利用自己对金融市场的规范化操作以及风险管理与控制的理解，通过证券化的方式进行交易。

其他金融机构在不良资产市场中的业务特点与发展方向如表1.10所示。

表1.10　其他金融机构在不良资产市场中的业务特点与发展方向

项　目	其他金融机构
参与身份	资产收受方，证券化业务服务
典型参与者	1. 证券公司 2. 信托公司 3. 专注不良资产的外资私募基金
资产包取得	一是从四大资产公司购得金融类不良资产，二是从非金融不良资产市场化中获取
处置方式	先将不良资产证券化后再委托服务机构进行处置
业务经营区域限制	无限制
经营许可	受证监会监管
优势	证券化经验
劣势	资产来源受限制、资本金不足、对区域政策不熟悉、人脉资源相对缺乏
主要方向	1. 业务逐渐向上下游延伸，获得更多主动权 2. 提高风险控制能力 3. 依靠大数据以及区块链等技术，强化估值水准

第六类：　处置服务机构

处置服务机构包括评估机构、律师事务所、委托及撮合平台、配资机构、信息提供及数据服务机构、专业催收公司、专业尽职调查公司、拍卖平台、众筹机构等，它们以其专业性及特殊的资源优势，活跃在不良资产转让、尽调、处置、清收等各个环节中。

处置服务机构在不良资产市场中的业务特点与发展方向如表1.11所示。

表1.11　处置服务机构在不良资产市场中的业务特点与发展方向

项　目	处置服务机构
种类	司法推动、催收、撮合、尽调、估值、平台、处置模式设计等
主要业务功能	1. 向买受人提供：初步评估、资产抽样、收购前的尽职调查（信用记录搜索）和估价服务；竞价收购咨询服务；定向资产的筛选、分类、整理，某一地区的深度研究、报告制作、收购建议、投资分析、投资策略制定、资产尽调评估报告 2. 购后尽职调查、购后清收处置、获取投资收益服务 3. 资产与资金的对接、资产收购方与催收机构的对接等 4. 设立特殊不良资产投资基金，直接介入不良资产的收购、运营以及后期的具体退出计划
业务现状	1. 国内整体业务刚处于发展阶段 2. 商业模式粗糙，目前国内尚无较成规模的服务机构
未来方向	1. 更高水准的服务商能力 2. 商业银行大资管时代的投行伙伴，资产证券化业务的委外服务机构 3. 高水准的特殊（不良）资产处置全程法律服务 4. 优质资产分类、筛选、评估、推荐 5. 同业资源的高效率合作 6. 协助商业银行完成不良资产合规出表释放规模 7. 以协助资产买受人实现持续赢利为核心目标 8. 借用科学高效的行业工具

市场众多参与者在错综复杂的利益交织下各有立场和优势，但也均有困惑。

银行及金融机构是最主要的资产输出来源，一直在加快研究和拓展自行处置的途径和方法的步伐，一级市场的不良资产供给来源规模日趋狭窄。

从资产买入处置方的角色看，四大资产管理公司的资源和技术力量有着绝对优势，然而地方资产管理公司也正在具备四大资产管理公司的绝大部分功能，形式上也更加灵活。

而民营资本虽然在国际上处于不良资产收购的主要地位，但在我国，民营资本介入不良资产市场还处于起步阶段，比较成规模的企业还没有形成。

券商、信托等其他金融机构因为不良资产的非标准化以及复杂的形成因素而难以大规模证券化，所以也还没有在该市场中占据主导地位。

而作为不良资产行业中极其重要的一个环节，外部服务机构的作业标准、操作工具、处置策略也因其人才市场的缺乏，导致至今为止还没有形成一个行业领军企业和典型代表。

上述因素均导致了不良资产管理及处置行业在国内短时间内市场化程度很难大幅度提升。而这种不够活跃的市场情况恰恰说明，市场急需更专业的机构介入，提供更为全面与深入的服务。同时，市场的参与各方还应该站在对手的角度，努力消除行业中长期以来存在的各种相互之间的冲突与困惑，这些困惑包括如下内容：

- 各参与机构之间相互缺乏了解；
- 业务过程中存在较大利益冲突；
- 参与机构各自监管范围不同、标准不同；
- 对不良资产的认识角度不同；
- 机构间协作效率较低；

- 各机构间缺乏共同认可的标准化工具和方法；
- 缺乏对外部其他专业机构的了解。

各参与机构应尝试换位思考，明白参与各方的背景、优势与痛点，寻求利益平衡点，找到最切合需求的处置方案和服务，尽可能做到知己知彼、协同共赢，由此，才能创造符合我国经济发展实际需求的资产管理协同发展模式。

不良资产行业发展趋势

一方面，政策环境不断宽松，鼓励市场化运作，吸引着各类参与者蜂拥而至，各行其道、纷纭杂沓，使不良资产管理行业的业务竞争更加激烈。另一方面，一级市场“收购难”，二级市场“持币观望多”，经济持续探底带来的不良资产预期供给增加、价格走低，加之全国各地房地产价格走势分化，使投资者避险情绪增加，心理价格预期发生改变，市场在渐热的同时也伴随着恐慌。

客观地判断，不良资产处置业务并非一场预想的“盛宴”，资产从高估值逐渐回归合理，去杠杆的趋势预示着未来的一级市场的不良率必将下降，市场关注点也将从商业银行供给转移，民营企业、上市公司的非金融类不良资产供给将会构建另一个淘金场。在处置模式上，传统的低买高卖、司法清收、依靠“信息不对称＋时间效率产值”的赢利模式已经难以再现，资产情况的复杂化和处置周期的加长，都需要更加谨慎的投资思考和更加专业的技术服务提供支持。

未来几年，不良资产处置将呈现以下趋势。

1. 经济转型期存在大量兼并收购、产业整合的机遇。银行实施债转股，给资产管理公司带来发展契机，但缺点是资产处置周期长、风险因素多、具备专业技能的人才吃紧。

2. 银行自设无牌照“资产管理公司”，自行处置不良资产，相关业务对外收紧，对持牌资产管理公司的传统业务带来不利影响。牌照红利的时代即将过去，未来的发展势必向专业化、精细化的方向转变。资产管理行业未来的主要战场将转向投行化业务操作，懂企业管理、懂法律、懂金融的专业人士将是稀缺资源。

3. 优质标准债权资产的供应量严重减少，市场上兼具安全性和高收益率的优质资产十分稀缺。但不良资产特殊处置、优先股、资产证券化、权益一级市场等相对有优势的资产仍然存在大量机会。

4. 产业资本开始广泛联合，并创新资产处置渠道。资产管理机构可以基于长期积累的问题企业重组和投行业务经验，对不良资产重组过程进行统筹，协调债权债务关系，通过对债务企业进行重组提升、介入运营、优化管理、经营改善，实现债务重组多方共赢。

5. 产业资本将为资产管理机构持有的不良资产提供新的退出渠道。通过资产重组方式，将持有的非上市公司资产注入上市公司，成为流动性更强的上市金融资产，最终实现资产的保值和增值。

6. 不良资产证券化基础资产品种将进一步丰富。不良资产证券化试点将基础资产类型由对公不良贷款延伸到信用卡不良贷款、小微不良贷款、个人住房不良贷款和个人抵押不良贷款等类型，创新产品持续涌现。

第二章

资产卖出方

商业银行不良资产处置主要采取核销、转让、重组以及自主清收等方式，其中核销和转让是商业银行主要的处置手段。

但采用核销和转让处置，商业银行会面临较大的损失。银行通常会用其拨备支出来抵补该部分的损失。近几年，监管机构（财政部以及银监会）已经不断放宽核销政策，如调整不良贷款批量转让的户数限制，增加批量转让的受让主体等，以鼓励商业银行通过核销和转让来快速处置不良资产。商业银行顺势而为，于是核销和转让规模不断扩大。

出于对自身原因的考量，银行并不愿意对不良资产做真实的卖断处置。在条件允许的情况下，银行会尽可能选择自主清收，减少损失。同样的原因，在处理债转股业务时，如果政策允许，银行会更乐于与债转股企业共同设立合伙基金，自行着手债转股业务的开展，并掌握控制权，而不是将业务全部交到资产管理公司手中。

资产管理公司显然是最大的不良资产买受人，同时，它也是不良资产二级市场的重要出售方。随着去中心化的趋势在近年来逐渐显现，民营资本介入的势头强劲，不良资产市场的利润空间正在逐年压缩，这也使得资产管理公司更明确了自己未来的发展态度：将其主营的处置清收业务向非金融领域特殊不良资产以及不良资产管理倾斜，将其业务定位向综合性的金控公司转变。即便如此，资产管理公司仍然有数量庞大的存量不良资产有待卖出。

市场逐鹿。在过去资产供给量相对充足的业务操作中，各方参与机构都站在己方的角度，完全按照自身熟悉的操作方案独立开拓业务，即使行业内的上游和下游已经出现了互通联动融合，也只是在初尝阶段。而如今，随着参与者的大量增加以及竞争的日趋激烈，市场中的角逐者已经开始主动试图了解上游及下游的生意模式，以便利用更深度和精细化的合作增加业务机会。因为，在互联网时代，换位思考已经不能仅仅停留在探讨的范畴内，主动寻找各方的互通连接点，打造精细化合作渠道，才是拔得头筹的可取之道。

行业融合，是行业发展在新时代新形势下的必然趋势，也是推动特殊资产管理行业这个大机器获得更好构架与高效运转的物理动力，更是促使其快速、良性运转的有效方法。总而言之，我们可以将它视为参与者决胜的快捷高效之路。

商业银行是主要的一级市场资产出让方，资产管理公司是一级市场的主要买入方和二级市场向其他参与者进行零售的卖出方。本章主要以商业银行作为典型资产卖出方这一关键角色，对不良资产的处置心得、方式方法以及一些操作困惑进行介绍。

目前在国内，正好是经济增长换挡、结构调整阵痛、前期刺激政策消化吸收等形势波动周期。预计在未来几年内，银行过去积极发放的贷款可能还将会不断出现局部问题，不良资产余额与不良资产率将难以快速明显下降，不良资产处置将依然是商业银行降低不良率，净化资产负债表，防范区域性、系统性金融风险的重要工作。

同时，在逾期贷款的重组或清收的成效方面，银行获取的内部收益着实有限，使得不良的余额持续累积，部分中小银行实际不良贷款情况可能比账面数字更加严峻，而简单通过司法渠道解决的债权清偿实际效果欠佳，部分企业不乏逃债的潜意识驱动，加之不良资产"病因"复杂，"僵尸"企业与"可重生"优质企业的辨别工作繁重，这些因素，都对商业银行的不良资产处置提出了新的挑战。

第一节　资产出让方的"内伤"

降低不良率的最有效手段不是提高处置能力，而是从源头控制不良信贷的形成。近年来，大型国有银行随着管理的精细化以及风控系统的逐步完善，不良余额正在大幅度降低；但同时，部分股份制银行及地方性商业银行成为新一轮不良资产的主要产生源头，其主要原因如下。

1. 内部管理薄弱。中小银行往往"重清收，轻预防"。银行管理层对尚未逾期或问题贷款关注较少，对不良资产管理系统及处置流程建设的投入不足。虽然目前部分国内银行有内部的风险预警制度，但尚未建立普遍成熟的系统化信用风险早期预警机制。

2. 客户信用风险评级系统不健全。当前我国的部分商业银行，特别是中小银行尚未建立起健全有效的客户信用风险评级机制。相应的系统工具支持、数据基础相当薄弱。部分拥有客户风险评级机制的银行，其评级依据也大多参考客户经理的主观评断。

3. 贷后管理粗糙。逾期与不良资产管理的组织、专业团队建设滞后。面对快速上升的逾期不良资产，国内商业银行在逾期与不良管理的贷后组织架构设置、内部职责界定、专业人才团队建设、考核激励机制配套等方面准备不足。

4. 估值定价模型建设初级。在现行的市场业务中，极少有地方性商业银行或地方性机构能运用数据统计、计量模型和信息技术等现代化手段，量化分析不良资产，对其进行诊断和管理。现在的很多不良资产定价模型设计与建设仍处于试错与个人经验主义的初级阶段。

5. 资产处置在银行内部推动效率低下。不良资产变现可以实现不良资产快速“出表”，收回部分现金，缓解利润和拨备压力。但实际在部分商业银行内部处置速度慢、流程长，参与部门多、协调难度大，法规障碍多，变现资产市场价值评估和认定难，贷款本金损失率高，是中小商业银行存在的普遍问题。

不良资产转化在商业银行内部的主要途径为核销、以资抵债、债权重组，对银行不良处置部门运营能力要求很高，所以实际操作中多以与外部机构合作为主，但有足够经验的外部机构目前在国内十分缺乏。

当不良资产短期内难以处置变现，也不具备资产转化的条件或价值时，商业银行会采取资产保全措施，但是保全也不能改变不良资产的现状，本质上并没有起到改善银行资产质量的作用。

针对管理能力较弱的中小商业银行，积极的应对方案应该是建立队伍、运用工具，创立持续迭代的运营系统，协同外部高水准的处置机构共同合作。从实际操作的角度上讲，主要做法包括加强内部管理能力，设立信用风险评级机制、工具与系统，完善贷后管理体系，引入数据挖掘技术和估值、评价等系统工具。

加强内部管理能力

中小商业银行可以首先考虑成立信贷风险监控部门，完全独立于前线业务条线。通过外部渠道随时收集客户的信息，定期分析市场动态，为银行针对个别行业、区域及特定客户群的风险偏好及授信指引提供参考信息。专职协助业务部门，维护资产质量以及监控银行整体信贷风险。其检测的指标为风险识别的能力和资产质量维护的效果。

信贷风险监控部门的另外一个重要功能是强化银行内部各部门协同，协调资产处置、风险管理、信贷管理、授信执行、法务处理、各前台客户部门的不良资产管理职能；在行内形成管理处置不良资产的合力，建立前后台协同互补、部门间联动合作的不良资产处置机制；推动不良资产处置向纵深开展，实现资产处置回收价值的最大化。

信贷风险监控部门还应该结合部门实务，通过对风险识别的能力、资产质量维护的效果、重组的效果以及清收的结果的量化设计，进行绩效考核系统的设置，让团队组织秩序化、严密化、高效化，使其成为一个创收部门。

典型的不良资产管理机构各部门职能设计如表 2. 1 所示，该职能设计内容可以对尚未建立不良资产管理体系的商业银行起到部分借鉴作用。

表 2.1　不良资产管理机构各部门功能

部门设计名称	功　能
业务审查部	1. 项目审查 2. 对部门业务人员及业务审查人员进行专业培训与指导 3. 负责组织实施市场风险管理，制定市场风险管理基本制度，组织实施市场风险识别、评估、监测、分析、计量
市场推介部	1. 负责开展相关资产管理业务系统客户的营销 2. 负责牵头组织、推动不良处置业务和受托代理业务 3. 负责与平台公司对接，综合开展资产管理业务 4. 牵头负责资产证券化工作 5. 负责清收事务
风险管理部	1. 构建不良处置事务全面风险管理和内部控制体系 2. 开展信用风险识别、评估、监测、分析和计量 3. 负责对企业业务相关行业、地区、客户风险的研究分析，制定区域、行业及客户风险政策与业务准入政策 4. 牵头项目后期管理，制定项目后期管理制度，实施项目后期管理监督、资产分类、减值准备计提
金融市场部	1. 负责制订、组织和实施不良资产处置资金计划，对接授信申请、银行借款等业务 2. 提出定价估值意见，负责不良项目资金流动性风险管控
法律审查部	1. 负责不良事务法律咨询、法律尽职调查、法律谈判 2. 审查项目方案，审查各类合同，拟定或审定相应特别授权书 3. 负责相关的法律服务，负责风险项目的协助处理和法律指导 4. 与法院、监管等机构沟通，争取司法和监管政策 5. 选聘和管理法律中介机构，负责部门合规风险管理和评估
投资扩展部	1. 负责自主营销、运作、实施和管理财务性股权、债权和“股权加债权”夹层投融资业务 2. 负责债转股事务

（续　表）

部门设计名称	功　能
信息科技管理委员会	1. 负责客户分级管理系统的建设与信息维护 2. 负责提前、定期风险预警系统的建设与信息维护 3. 负责处置前后企业信息管理系统的建设与信息维护 4. 其他部门的信息科技工作
外联事务部	负责外部特殊（不良）资产参与机构合作事务的接洽

设立信用风险评级机制、工具与系统

中小商业银行还应当建立起健全有效的客户信用风险评级机制，正确处理存量化解与源头治理的关系，通过主动信贷管理，防范逾期，从根本上减少不良资产。同时，对尚未逾期或不良的问题贷款加以关注，充分结合客户的财务数据、前线的主观判断、行业及外部风险指数等综合信息，进行量化分析。

实际操作部门可以以系统自动指标、外部财务指标和基于信贷、市场信息的专家评断指标为基数，建立早期预警系统、信贷风险预警机制，加强信贷风险监督。一旦客户信号触发预设的风险阈值，该客户将进入预警清单，依照预警分数，并根据客观科学地分析客户的贷款偿付能力以及银行可能的经济损失风险程度，对客户进行分层。例如，对存在非暂时性的财务危机可能会造成银行经济损失的客户采取清收策略，退出风险暴露头寸；对符合重组条件，有还款意愿、有望恢复偿债能力、尚未因为债务问题被起诉的客户，帮助其重组，使其回到良好状态。信贷风险经理与客户经理应当分析问题根源，并立即采取相应措施，分别执行预设的强制性行动及策略，随时针对客户的授信进行调整，持续跟踪直到客户已经被移除预警清单，或如果情况继续恶化则交由重组或清收部门接管。

实际操作部门可以根据设计的早期预警系统（见图2.1），将各类预警指标、触发参数，科学内置于预警系统内，并定期更新数据信息。当警报出现时，将各类指标以及其他针对具体领域及行业的特定阈值，根据预警程度的不同，分别执行预设的强制性行动及策略以化解风险。

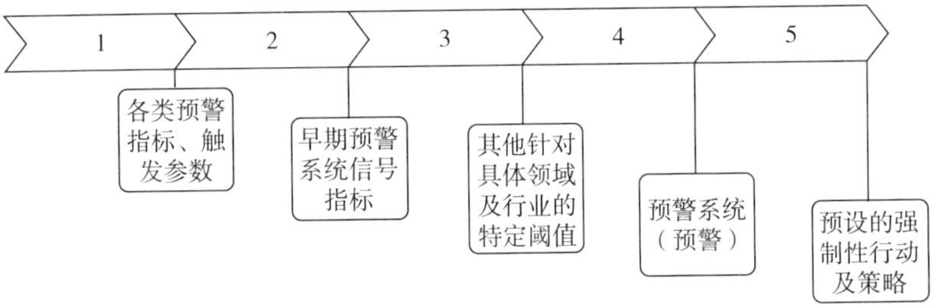

图2.1　早期信贷风险预警系统设计构想

银行内部早期信贷预警系统信号指标包括如下内容：

- 透支情况；
- 逾期还款；
- 信用评级降低；
- 信用额度的平均使用率过高；
- 抵押品贬值；
- 财报数据失效；
- 股价下跌；
- 借款人外部评级下调；
- 担保人外部评级下调；
- 第二还款来源不足。

放置于贷款企业内部的早期信贷预警系统信号指标包括如下内容：

- 销售量缩减、订单减少；
- 净利润减少；
- 应收账款增加；
- 普通/经营性现金流减少；
- 贸易项下应付账款增加；
- 有形净资产减少；
- 利息覆盖倍数增加；
- 净营运资金为负；
- 偿债覆盖率降低；
- 媒体负面报道；
- 请求延期/中止还款；
- 同一股东名下的其他公司违约。

商业银行可以通过风险预警系统分理出清偿、退出客户，并选择相应应急处理措施，参见图 2.2 和表 2.2。

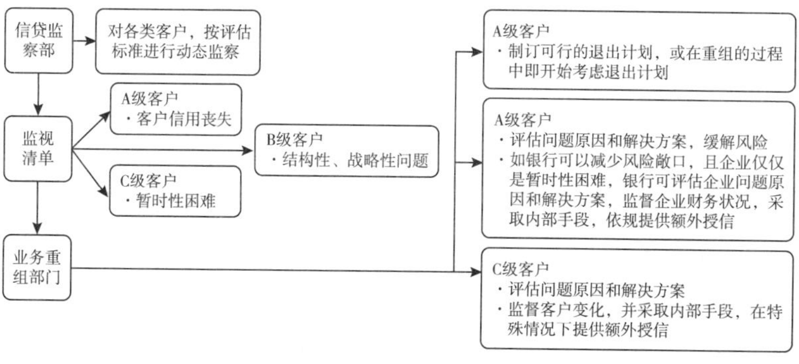

图 2.2　商业银行风险预警应对策略

表 2.2　商业银行在得到风险预警后的部分选择方案

前提条件选择	财务危机是否暂时	能否在不产生经济损失的情况下解决财务危机	确认短期授信	是否需要额外的流动资金	财务危机是否会导致全面破产	条件补充说明
授信	√	√	√	√	×	1. 授信用于需要持续日常业务运作（运营支出）和个别重整流程的先决条件的支出 2. 仅在新投资资本支出，对业务计划具有关键重要的情况和在既有预期债务会影响日常运作的情况下，给其新的额外流动资金授信
展期或重组	√	√	√	×	×	若现金流足以清偿债务，不符合目前信用额度的期限或到期日的情况，则对既有授信履约和到期日重新谈判
债转股	√	×	–	–	×	若客户情况被视为可以在可预见的阶段复原的，则进行全部或者部分债转股
部分计提损失	√	×	–	–	×	1. 客户情况被视为不可以在中期复原 2. 经济损失可以通过抵税方式降低 3. 即使成本为负，客户仍能通过经营战略维持财务存活力

（续　表）

前提条件选择	财务危机是否暂时	能否在不产生经济损失的情况下解决财务危机	确认短期授信	是否需要额外的流动资金	财务危机是否会导致全面破产	条件补充说明
清收	×	×	–	–	×	1. 以回收为主的清收计划 2. 洽谈清收计划，退出该客户
法务追偿	×	×	–	–	√	1. 移交法务进行追偿 2. 贷款分类重新划分

完善贷后管理问责制度

商业银行贷后管理的核心，是银行基于客户的风险评级所形成的差异化的贷后管理流程，这一流程有效执行的关键在于对总行高级管理人员、分支机构经营层，甚至是一线客户经理形成有效的终身问责制，并制定明确的问责规则。按照责、权、利相匹配的原则，完善客户经理、风险经理以及相关条线管理层的考核问责体系。

引入数据挖掘技术、估值、评价等系统工具

中小商业银行还应该构建不良资产处置的历史数据库和数据分析模型，运用数据统计、计量模型和信息技术等现代化手段，建立科学的不良资产分析评估和估值定价模型。以量化分析支撑不良资产的诊断和管理，对于商业银行自行清收以及对外转让时

的资产买入方都具有非常深刻的意义：一方面建立了估值以及定价标准，另一方面大大提高了资产转让效率。

除了商业银行以外，其他资产卖出方和资产买入方采用行业内比较科学先进的估值、评价等系统化分析工具，也可以实现科学定价，提高效率、精准性，减少风险。利用充分的信息收集，对损失的可能性及风险进行较为精确的预判，挑选可出售的不良资产及制定合理的价格；通过有效的估值分析系统，对不良资产中的各种风险因素，以及可能回收的金额和债务结构的现金流等进行综合分析，估算出贷款组合的净现值并做出风险提示，这些工作步骤将会使得资产的价值更易于市场“识别”。

对于最终的不良资产买入方而言，很少有较为专业的价值判断经验和完整的尽职调查能力，那么对计划买入和持有的逾期和存量不良资产该如何进行更高效的价值判断呢？善于利用评估系统不失为一条捷径。有价值的评估体系的全部工作应当是以“诊断”和“最终回收”为目标，优秀的估值系统将首先对资产进行分类、评级、筛选，从而挖掘出有处置价值的资产。

对于那些处于较好的行业之中，或者传统行业中比较稳定的领域中的不良资产，借用估值体系对其进行深度价值分析，依据分析结果联合外部资本进行资金注入，并介入该企业的经营及财务管理，待到盘活企业价值后，再将其投资溢价或通过其他途径退出，实现价值的转换，这可能是未来更为常见的积极主动型的资产处置形式。

通过识别系统进行资产质量分类的模型示意如图2.3所示。

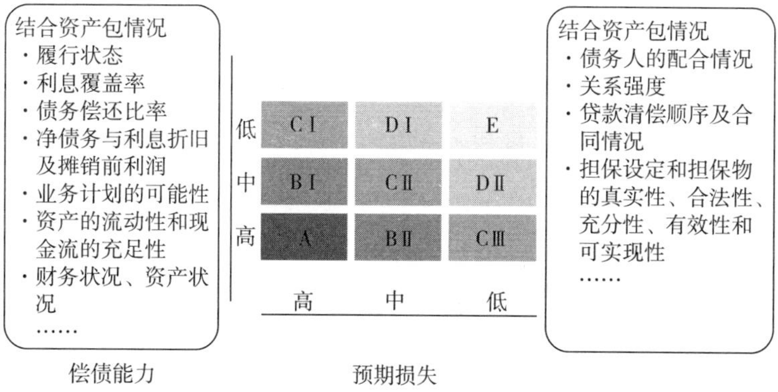

图 2.3　资产质量分类的模型

市场化处置与自主清收

商业银行在未来将不再过度依赖市场化处置，主要是商业银行的经营行为中将更多地综合考虑不良管控和经营利润两个方面的因素，首先要在处置速度和处置收益上寻求最佳平衡点，立足自身清收，其次才是选择市场化处置方式，形成最佳的处置方式组合。这是商业银行掌握更大主动权的方式。

商业银行应根据信贷违约客户情况自行设计一套完整的资产清收策略和具体方案，对于有经营价值或有现金流的资产，商业银行可以从清收思想转变为经营思想，静待资产处置时机，根据经济周期伺机而动，同时通过管理对资产精雕细琢，提升资产的价值。而对于没有经营价值以及现金流逐渐枯竭的企业，才考虑抵押物处置及债务变现等具体处置方案。商业银行常用的处置方法包括以下几个。

抵押物处置：适用于借款人将抵押品转给商业银行作为还款，或商业银行将抵押品出售的情况。处置关键在于前期放款时，应确保抵押品的法律程序完整，银行拥有相关债权。

债务的转卖变现：商业银行将债务卖给另一个金融机构（第三方非银行相关），银行和买入方均应该对于该笔债权的定价和回收率进行深度分析。

外包收款：商业银行可选择部分信贷违约情况复杂或关联机构较多的不良资产，与外部收款机构或资产管理公司签订合同，由其负责整个收款过程，并采取相关清收行动。

诉讼追偿：商业银行也可通过民事诉讼取回部分贷款。走司法程序适用于借款人不配合，且没有还款能力的情况，其关键在于掌握诉讼时效，并确保证据文件齐全。

引进外部专家，建立联合清收小组：由清收专员、法律专家、公司财务顾问、房地产专家、行业专家、外部催收专家、客户经理和信贷风险经理组成专业的清收团队，针对关键大案和复杂个案定制方案。清收专员总体负责客户的清收和谈判工作；法律专家提供法律意见，并确认法律行动和法律权利；公司财务顾问在资产销售和重组谈判过程中协助商业银行进行交易的结构设计或估值；房地产专家评估房地产价值和其市场流动性，协助回收商业银行出售抵押品；行业专家针对行业预测和战略性计划提供意见；外部催收专家针对金额较小的债务进行贷款催收的执行，侧重现金流的回收；商业银行内部的客户经理和信贷风险经理在清收专员的要求下，提供或移交客户的业务相关信息，联合清收小组统一部署，形成合力。

实施债转股方案：商业银行对于具有一定资产规模且陷入周期性债务困境的企业，可以考虑实施债转股方案，实现债转股资产增值。收益包括股权处置收益和股利收入；业务操作以债转股资产价值提升为目标，通过差异化的债转股经营策略，并运用多种股权增值技术，积极、持续提升债转股资产组合的价值。债转股还可以考虑通过资产置换、并购、重组和上市等方式退出。

商业银行除了上述不良资产的处置方式之外，对于还未出现不良的问题资产，如经过客观分析，判断其为陷入短期困难的良好客户，可通过主动的信贷重组或是调整信贷产品规划（例如通过应收账款买断缩短收款时间或是提供供应商融资方案等），协助客户更有效地管理流动性并回到良好状态。但无论是信贷重组还是调整信贷产品规划，商业银行依然需要考虑追加抵押物、监控销售以及重组计划。

在信贷重组协议的设计方面，商业银行需要根据项目实际情况对债务主体、担保主体、债务期限、担保方式及内容、其他保障措施等债权要素进行重新优化整合，确保信贷重组协议与债务人还款能力相匹配。

对于抵押物较为充裕的贷款企业，商业银行还可通过追加抵质押物等担保措施，确保担保措施足额且合法有效。根据债务企业的经营状况和现金流状况，合理设计分期还款安排，确保债务企业按计划还款。

对于进入重点监控企业的贷后管理方面，商业银行可根据企业实际情况和可行性，通过销售监控、资金监控、资金归集、印章管理等措施，监控企业主要还款来源；根据市场实际情况和企业实际需要，对主要还款人的现金流定期进行压力测试，确保主要还款来源的抗压能力。

对于陷入严重财务危机并可能进入破产程序的贷款企业，商业银行可能将最终考虑收购及重组计划。该类收购重组计划的核心考虑要点在于多维度的风险管理，重组计划的实施要点包括以下内容。

- 严格的目标企业准入。在计划实施前，强化尽职调查、交易结构设计及风险管控手段，从源头上降低产生风险的可能性。
- 审慎的计划实施。计划实施过程中注重采用风险缓释措施严格管理风险。
- 有效的后期管理。
- 严格的抵质押物管控。

重组计划通常包括债务重组、资产整合、运营重整、财务重整、抵押品取得等方式和方法。

债务重组（通常分为短期重组和长期重组）：商业银行立足于对债务人长期偿债能力的把握，根据借款人现金流重新调整摊还计划、调整价格，通过更改债务条款或实施债务合并，使债务人的还款能力与调整后债务的各项要素条件相匹配，从而化解企业流动性风险，帮助贷款企业渡过难关，缓解风险，逐步降低风险敞口，保障风险敞口的退出。

资产整合：商业银行对于债务人经营不善、负债结构复杂，但持有具有较大增值潜力核心资产的贷款项目，可使用资产整合方式。资产整合方式较为复杂，需要在商业银行与债务人之间债务关系确定的基础上，立足于对债务人核心资产价值的把握，对债务人的整体负债进行清理整合。通过重组、清理债权债务、整合债权，使债务人的核心资产能够重新开始建设、运营，并通过寻求外部资金追加投资、参与运营等方式提升此类资产的价值，使得商业银行从资产整合增值中获得收益。

运营重整：商业银行对于资金链断裂、经营陷入困境，但仍具有持续经营价值的债务人，可以选择企业运营重整方式。这种方式最为复杂，立足于对债务人企业价值的把握，可以采用债务重组、追加投资等方式，通过管理可控的运营重整计划，缓解风险，并逐步降低风险，最终保证资金的安全退出。辅以资产整合，商业银行还可以挖掘企业土地、厂房等生产性资产的经济价值，帮助债务人改善生产经营，产生稳定的现金流以偿还债务，从而实现债权收益。

财务重整：商业银行向贷款企业提供财务咨询，通过降低公司资产负债表的债务，缓解风险，缩短债权实现周期。

信贷方案结构的优化：商业银行通过针对贷款企业的短期融资，用应收账款承购和其他信贷方案组合，帮助客户缓解债务压力，以缓解风险，降低风险敞口，实现资金安全退出。

抵押品取得：商业银行通过取得新的抵押品，提高现有抵押评估值，以增强债权实现的保障。

以上方案对商业银行自行处置的方法做了简要梳理，但是在实际操作过程中，上述方式方法也适用于信托机构、证券公司以及资产管理公司，同时对不良资产的二级市场买受人也同样能起到一些借鉴作用。

第二节　关于转让处置的思考

当商业银行自身处置能力不足，应监管要求将最终通过转让处置不良资产时，这类金融资产的转让需要通过金融资产交易所完成挂牌与摘牌的交易过程。但在资产挂牌之前，商业银行通常会制作简单的文件来直接向持牌的资产管理公司推介，在不良资产转让逐渐市场化以后，商业银行也会考虑提前召开资产推介会，向资产管理公司以及民营资本做集中推介。很多时候，这类推介会可能由总行组织，在全国范围内划分不同区域，邀请各地方持牌资产管理公司的分支机构以及地方资产管理公司和外部机构共同参与，当地商业银行负责人则会做项目的具体讲解工作。

作为市场参与者，持牌资产管理公司以及民营资本常常会发现，银行的初始资产推介文件的制作普遍比较粗糙，买受人很难通过资产推介文件快速做出分析，进而得出购买或者是放弃的决定。此类简单粗糙的文件不仅增加了买方对资产的识别、分辨的难度与工作量，同时也不利于提高资产交易过程中的商务沟通，直接导致了推介效率低下。这也很可能导致买受人错过最佳处置时机，无法把握处置要点。

根据经验，我们建议商业银行建立专业团队或是与外部专业机构合作，制作更精细化的资产推介报告，进而推动资产转让的效率和加强与买受人的后期作业配合。一份专业化的报告制作流程包括以下步骤。

1. 对于抵押资产的分类。如工业用地、商业用地、住宅、机械设备、股权投资、版权、交通工具、应收款、信托财产、证券交易账户等。

2. 对每笔资产注入关键财务指标。如债权总额、抵押物价值总计、打折率、加权平均、处置周期、处置难度、抵押物处置总收益、抵押物处置收益现值、净现值、净利润、资产包处置收益率等。

3. 加入第三方机构意见。如处置服务商评估、收益测算、配资方案、买入评级、风险分析等。

4. 第三方机构财务分析。如现金回收情况的预期、资金成本以及投资回报、预计处置期限、所在地区和行业的相对竞争优势、资产包购置的总资金占用、处置费用、资金成本等。

上述要点汇总后，最终成为向资产买受人出具的一份完整的资产指引文件，样本如下。

CC债权资产分析报告

一、不良资产基本情况

1. 债权信息：本金2 300万元；利息666万元（截至2017年6月30日）。

2. 抵押资产：北京市西城区某胡同2号院2号楼，面积377.27平方米。

3. 评估价值：3 772.7万元，抵押率61%。

4. 抵押查封：首押首封。

5. 司法进度：司法判决已公告送达，评估公司招标中。

6. 投资亮点：

（1）住宅性质为普通住宅，大平层，精装修。

（2）该物业目前在租，租户享有优先购买权，已明确表示跟进法拍进度，志在必得，投资回收期短且收益率高。

（3）该债权进入执行阶段，司法处置简单清晰，回收预期可控。

（4）单个债权额度较小，抵押率充足，抵押物流动性高。

（5）抵押物均以学区房及稀缺类物业为主，变现能力强，持有增值空间高。

7. 财务：

债权执行日	预期收益（万元）	购买债权支出（万元）	收益率（%）	年化收益（%）
2018/2/28	792.58	2 300.00	34.46	68.92
2018/8/29	919.55	2 300.00	39.98	39.98
以物抵债	1 472.70	2 300.00	64.03	64.03

8. 抵押物价值：

项目名称	面　积（平方米）	单　价（万元）	总　价（万元）	法院评估（万元）	评价依据
北京市西城区某胡同2号院2号楼	377.27	10	3 772.70	3 860.00	A中介称该小区均价11.5万元/平方米，B中介报价12.4万元/平方米，保守起见，还是用较低的价格作为估值依据
合计	377.27	10	3 772.70	3 680.00	

二、抵押资产具体分析

某胡同2号院2号楼。

1. 2号楼7层122，室内面积377.27平方米。

2. 抵押查封：首押轮候。

3. 资产评价：地处二环内、长安街沿线，规划总用地12 750平方米，总建筑面积80 000多平方米；周围有北京实验二小、北京八中、北京三十五中等重点中小学。同时，区域内有两条城市主干道宣内大街及长安街，与地铁1号线、2号线及已动工的地铁4号线组成高度发达的交通系统，通达京城各地。

4. 地理位置和实地照片：略。

三、律师意见

（一）A律师事务所

该公司已经破产，法人个人在湖北某市涉刑事诉讼案——非法集资，于2016年已经判决生效并执行。法人被判决偿还非法集资款3 470万元，其他涉案人被判决偿还非法集资款3 700万元。目前F公安分局正在与某市H分院申请协执，公安分局查封法人个人名下4套房产，均在该胡同，其他3套均为商业地产，本抵押物面临被优先执行风险。需要协调H分院加快协执处理，并与F公安分局沟通，避免本抵押物被F公安分局优先法拍处置。

买入评级：C－；本金打折，慎重购买。

（二）B律师事务所

虽为唯一抵押物，但因涉及刑事案件赔偿，抵押物面临优先偿还刑事赔偿风险，与F公安分局协商较难，H分院申请协执效率不确定。

买入评级：D＋；不予购买。

定向推介活动及提供精细化处置方案建议

在不良资产市场化程度越来越高的时代，参与不良资产买入的机构逐渐呈现多元化的趋势，其买入的目的也不尽相同，除了买入后自行清收的传统处置机构以外，还包括上市公司委托并购基金买入关联资产、产业基金寻求低成本扩张机会，以及债权人本身委托第三方回购违约资产等。因此，商业银行应根据资产的不同处置可能性首先对最终买受人进行分类。市场中的买受人包括资产管理公司、特殊机会基金、债权人、民间资本、投资银行、并购基金、产业基金等。同时还要对资产的形式进行分类，比如物权、债权、股权等。

针对不同投资人的投资偏好，通过合理组合、整理和宣传材料制作，进行批量推介和针对性推介，提升资产整体出让价值。

不良资产的买受人未必是不良资产的处置者，资产的处置者包括资产的最早期持有人商业银行，以及一级市场的买入者资产管理公司或是律师事务所和中介机构。作为致力于不良资产的处置机构，通常可以在资产处置报告中加入第三方处置意见以及财务分析，以促使买入者有更多专业性的意见来辅助决策。处置意见通常包括本息清收、诉讼追偿、债务重组、以资抵债、资产置换、债转股、股权回购、实物资产租赁、追加投资、资产上市等。

从信达、华融看资产管理行业近年对外公示的财务报告，我们可以得知近几年处置类、债转股的收益率处于15%以上的水平，而不良资产收购重组类业务的年化收益率扣除信贷成本后仍然有9%～10%的水平，再扣除约5.5%的融资成本，还能实现3.5%～4.5%的利差收入。这些数据，可以作为部分财务测算的基础依据。

第三节　利用第三方估值体系推动转让

目前，不良资产市场缺乏相对科学的现代估值系统。不良资产估值难度大、估值因素复杂是行业中一个极其典型的问题，现有市场估值方法不仅有四大资产管理公司的资产估值标准，同时还有商业银行自身的估值方法和标准，双方各自的适用限制性并不足够科学与公允。而估值又是整个不良资产处置的核心，其精准程度将直接影响不良资产收购处置的决策与盈亏。

从科学的角度而言，金融资产的估值定价应看到其当前价格和后期各种违约形成因素的不确定性，所以应该充分考虑评估价格以及评估变现率等不确定性因素的影响，以及相关信息的变化。因此，在尽职调查的基础上，首先要以现金流测算为核心，以覆盖成本和控制风险为前提，合理估算包括资产按照收购时的静态价值，以及采取完善法律手续、整合资产、改善经营等各类技术手段，全方位提升资产收购后的动态价值。应确定拟收购资产盈亏平衡点，动静态相结合，避免非理性估价，尽可能实现收购成本和预期收益的匹配。

除上述因素以外，资产买入者和卖出者在对资产进行估值时，还应综合考虑国家有关政策、市场因素、环境因素，重点关注交易结构、资产权属状况、企业经营现状及发展前景、以往评估情况、交易案例等因素，还要充分考虑地域经济、行政、司法环境等对后续资产管理、经营和处置的影响，以及潜在竞争者的报价。

针对债权、股权和实物资产的不同特点，所采用的估值方法也应有所不同。债权资产估值方法包括假设清算法、现金流偿债法和交易案例比较法。股权资产估值方法包括收益法、市场法和资产基础法。实物资产估值方法则包括市场比较法、收益法和成本法。其中，土地使用权估值方法还包括收益还原法、剩余法、成本逼近法和基准地价系数修正法等市场中广泛使用的各类方法和手段。但这些方法均有各自的缺陷以及局限性，使用者应将以上方法综合使用，才有可能达到最佳评估结果。

互联网、大数据以及人工智能等技术和方法开始介入资产的估值与处置中将是一个行业趋势，互联网技术将使更多的违约企业的关联机构、股东等信息的获取难度下降，金融资产管理公司等处置机构可以便捷地获得更多的处置线索，提高估值的精准度。目前比较活跃的互联网企业介入资产处置主要分为：拍卖模式、数据服务模式、众筹投资模式和撮合催收模式。这几类模式的最后成功，均需要估值体系的完善作为关键基础，“互联网+”对于估值与处置带来的主要推动力是在原有的依赖金融机构提供的信息披露、处置团队不可量化的经验以及传统的尽职调查等判断手段基础上，再注入更多信息获取来源，弥补信息链条上的节点缺失，让判断的维度更加多元化。国家工商总局和各地市工商部门开通的“企业信用信息”或“企业基本信息”的查询系统、最高人民法院和各省高院开设的“裁判文书”查询系统、民营互联网公司开设的“企查查”“天眼查”等App工具均大幅提高了尽职调查的工作效率，同时提供了更多的定价估值参考指标，进而使原有的人工主观定价和模型化与客观定价相结合，定价模型的研发将更加科学，参数设计更加准确。同时，人工智能技术也正在逐渐应用于定价各环节，让使用者摆脱原有的主观经验判断，有效提升定价的准确性。

以现有的运用效果较佳的估值系统为例：不良资产估值定价模型能够应用于不良资产的收购和处置两大场景。模型不仅能定位于单户债权资产价值估值技术，也可以批量估算资产包价值，实现对可回收价值区间的预测等功能。能实现这些要素，才有可能帮助应用者考虑成本和利润，推算收购和处置价值，从而有效应用于资产收购和处置业务。

一套有效的估值系统需要具备的主要模块以及功能包括资产估值定制模型、财务测算管理图像、风险机制自动筛除、档案资料数据管理、债权评级报告解析、债权咨询实时交互。

为了巩固估值系统的有效性，估值系统还应包含司法环节客观评估。

不良资产收购处置行业现行的普遍做法是：先初步评估资产，后投入人力成本进行尽调，之后进行资产筛选。这个流程效率较低且头绪烦琐，如果使用半智能化的估值体系进行应用，可实现在资产初筛中对债权、抵押物等法律因素首先进行重点评估，提前隔离债权及抵押物价值，避免风险内核在后期才暴露，从而能够显著提高风险隔离与价值分析，以及财务试算的有效性，可以为更多投资机构、处置机构以及商业银行的决策、执行、定价提供高效精准的评估建议。因此，“互联网 +”和人工智能的介入注定是资产估值的发展趋势。

目前市场上能够满足条件的估值体系并不多，但相信会有越来越多的公司对此进行研发并开发出精度高、定性能力好的体系。现在市场中比较成熟的一款估值系统是核桃仁估值分析系统，该估值系统在客观因素的基础上，注入了外部专家意见，正在部分商业银行和资产管理公司中得到深度运用，该系统的开发步骤分为 1.0 版本、2.0 版本、3.0 版本和 4.0 版本。

1.0 版本主要解决的问题是向市场提供标准化的操作工具。2.0 版本则在 1.0 版本数据积累的基础上，向市场提供模型化组包定价的标准策略，数据来源的丰富性可为定价环节提供更多的参照指标，完善定价信息之间的逻辑关系，丰富定价数据库信息。原有人工主观定价和模型化客观定价相结合，使定价模型更加科学，参数设计更加准确。2.0 版本还可以帮助机构进行更精确的资产分类科学组包，从而推出更符合市场需求的资产组合，降低融资难度。3.0 版本则计划挖掘处置机构的多元化处置可能性以及方案设计。系统升级到 4.0 版本后将建设成为一个信息撮合处置投资的金融科技生态闭环。

该系统的升级思路正好代表了估值与处置的不同开发阶段，值得整个互联网不良资产行业借鉴和参考，这几个阶段包括以下内容。

1. 工具阶段。建立尽调执行标准，搭建数据体系，实现透明化、去人工化，隔离道德风险是估值处置的基础，链接工商信息数据、司法判决、执行数据、房屋抵押数据、个人征信数据、淘宝拍卖以实现信息的完善，再利用人工搜索/爬虫技术进行进一步数据整理，最后通过专业评级、定价、财务、风险参数设置完成估值体系的工具化建设。

2. 数据阶段。在优化评级模型和定价模型的同时，通过与资产管理公司的资产池进行大数据分析建立金融资产指数、上市公司应收账款指数、非持牌资产公司不良资产池指数、处置类资产画像、经营类资产画像，再注入成功处置的服务商数据后形成参数有效性检测模型、分配评级模型、组包模型。

3. 数智阶段。以多维数据基础为目标完成资产画像智能委外匹配系统，向尽调团队智能派单、定位以及即时上传现场照片与图片，并形成初步处置方案。

4. 互联网资产处置平台阶段。信息发布、撮合交易、服务商匹配、配资服务均在平台完成，形成平台闭环。

该系统估值模型 1.0 版本的基本搭建结构如图 2.4 所示。

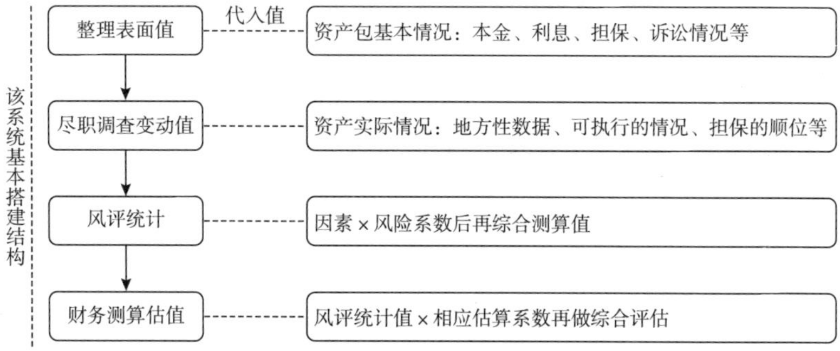

图 2.4　系统基本搭建结构

该系统估值模型 1.0 版本逻辑以及实施步骤如下所示：

1. 录入分析：先从资产清单中筛选整理，理清债权债务关系及相关担保情况，借助大数据接口对资产及抵押物表面值进行整理录入（见图 2.5、图 2.6、图 2.7 和图 2.8）。

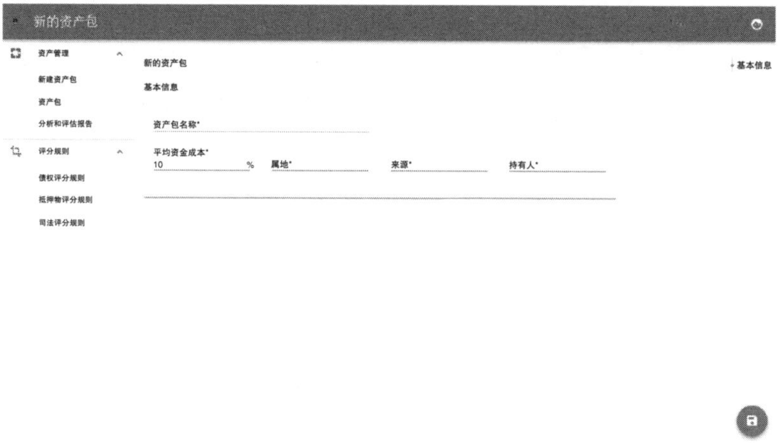

图 2.5　资产包基础信息

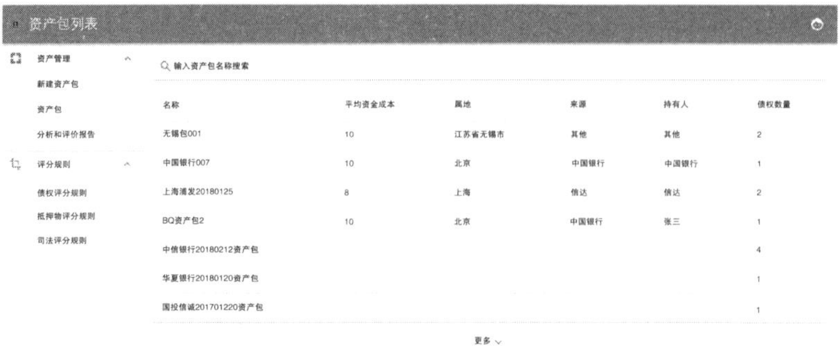

图 2.6　资产包列表

图 2.7　资产包财务信息

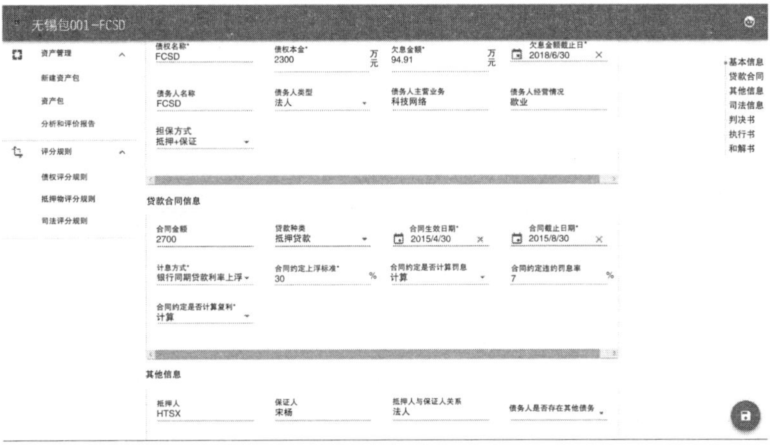

图 2.8　资产包合同信息

2. 初次尽职调查：查阅摘录备查文档及相关数据入口，分析每个债权的司法进度与法律疑点，并依次确定二次尽职调查重点（见图 2.9）。

图 2.9　司法信息

3. 深度尽职调查：尽职调查人员赴抵押物、诉讼当地实地调研，并在相关部门对于备查文档进行真伪确认，补充初次尽职调查缺失内容，对抵押物价值及流动性变现值做谨慎分析，完成初次尽职调查制定的考察项目，形成全面反映资产债权包的分析总表（见图 2.10）。

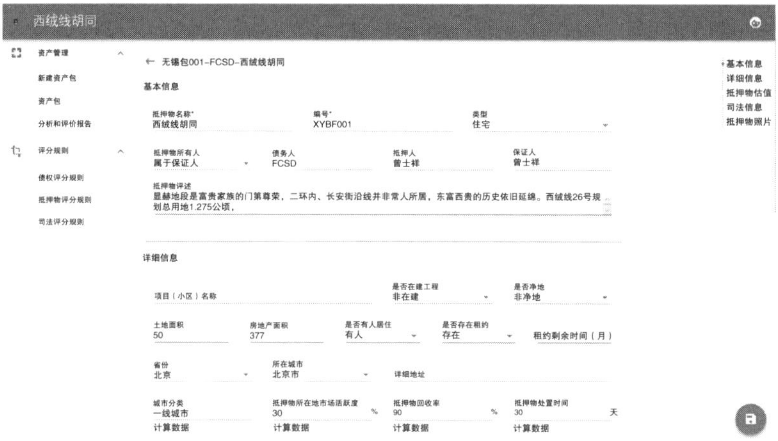

图 2.10　抵押物信息

4. 进行财务精算并出具财务投资报告（见图 2.11）。

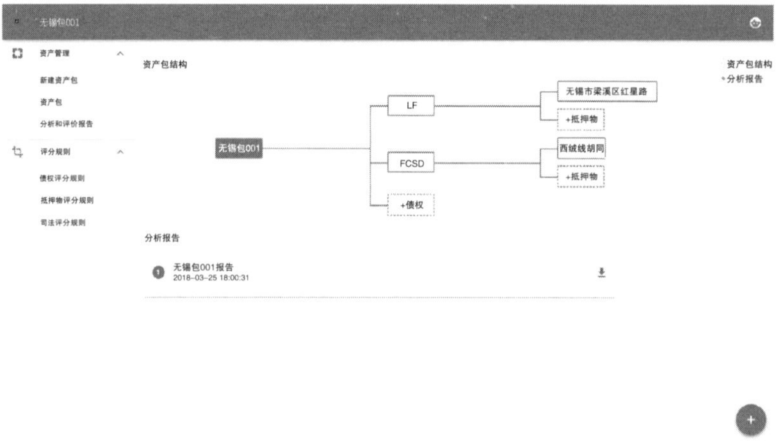

图 2.11　生成尽职调查报告

第四节　股权价值评估

不良资产转让处置除了债权转让，还将涉及股权转让，包括上市公司股权及非上市公司股权，这就需要对于转让的股权进行价值评估。另外，对不良资产的债转股操作也同样会涉及股权价值评估。股权价值评估和债权价值评估有少部分相同之处，更多的指标和评估方法则完全不同，首要的是影响评估的关键因素不同。企业股权处置定价的影响因素包括如下内容：

- 买方对资产相关信息的了解深度；
- 经济周期导致的市场需求；
- 完善的法律体系；
- 退出机制（包括但不限于二级市场的重组、并购、证券化）；
- 企业行业特征（风险程度、供求状态、产品结构、行业集中度、行业竞争格局等）；
- 企业的生命周期。

股权资产定价的方式

以出售股权为目的的评估，是对持续经营企业整体资产的评估。国际通用的企业评估方法有 3 种：收益法、市场法和资产基础法。

无论是出让方、买入方，还是第三方机构，均应尽可能地采用此 3 种，或者至少其中两种评估方法对目标企业进行评估，才能使评估结果具备公正、客观的指导作用。

1. 收益法。企业价值评估中的收益法，是指将预期收益资本化或者折现，确定评估对象价值的评估方法。收益法必须具备的基本前提如下：

- 评估对象的未来预期收益可以预测并能用货币衡量；
- 资产拥有者获得预期收益所承担的风险可以预测并能用货币衡量；
- 评估对象预期获利年限可以预测；
- 具有持续的赢利能力。

参数设计如下：

股东权益净现金流 = 净利润 + 折旧与摊销 − 新增营运资金
− 资本性支出 − 归还借款 + 新增借款

2. 市场法。企业价值评估中的市场法，是指将评估对象与可比上市公司或者可比交易案例进行比较，确定评估对象价值的评估方法。其使用的基本前提如下：

- 存在一个活跃的公开市场；
- 公开市场上存在可比的资产及交易活动。

3. 资产基础法。企业价值评估中的资产基础法，是指以被评估企业评估基准日的资产负债表为基础，合理评估企业表内及表外各项资产、负债价值，进而确定评估对象价值的评估方法。采用资产基础法的前提条件如下：

- 评估对象处于持续使用状态或设定处于持续使用状态；
- 可以调查取得构建评估对象的现行途径及相应的社会平均成本资料。

具体模型如下：

股东全部权益评估价值 = 各项资产评估值 − 各项负债评估值

在评估过程中，评估人员可根据各项资产及负债的具体情况，分别采用不同的评估方法，如流动资产的评估、非流动资产的评估、负债的评估。

除了以上 3 种国际通行的方法外，国内估值机构对于股权资产还有以下的估值方式，也可以作为股权资产估值的一些借鉴。

1. 账面价值法。账面价值法主要以企业的财务账面价值为基础进行评估。从会计核算的角度讲，将企业价值定位为企业当前全部资产的净值合计或是对部分会计科目经过调整后的净值合计，其主要的估值依据来自企业当期的财务报表，这种方法更多地体现了企业价值形成的历史过程，反映了股东对企业的投入情况以及企业过去时间内的经营积累。

2. 相对估值法。相对估值法主要是将企业价值与企业的某一项财务指标相联系，得到两者之间的相应比率。

3. 自由现金流法。自由现金流是指企业在经营活动中产生的全部现金流入，扣除满足必要生产经营活动及其增长的需要后，能够提供给投资人自由支配的现金。其主要有两种形式，即股权自由现金流法和整体自由现金流法，基本思路都是将企业价值归结为可供企业相关权益人支配的所有未来现金流的现值合计，认为现金是体现企业价值最有力的载体。

股权资产估值假设

股权资产的价值评估结论仅在设定的以下假设条件下成立。

1. 一般假设。

- 信息资料为可信的和准确的。
- 假设公司完全遵守所有相关的法律和法规。

2. 评估环境假设。

- 评估对象所在地区的法律、法规、政策环境相对于评估基准日无重大变动。
- 评估对象所在地的社会经济环境、国际政治、经济环境相对于评估基准日无重大变动。
- 与评估对象有关的利率、汇率、物价水平相对于评估基准日无重大变动。

3. 交易条件假设。

- 自愿交易意向的买卖双方。
- 双方对资产和市场，以及影响评估资产价值的相关因素均有合理的知识背景。
- 相关交易方将在不受任何外在压力、胁迫下，自主、独立地决定其交易行为。
- 评估对象按照公平的原则实行公开招标、拍卖、挂牌交易，有意向的购买方理性地报价，平等、独立地参与竞价。

- 交易相关的权利人、评估委托人、其他利害关系人及其关联人，均不享有对评估对象的优先权，也不干涉评估对象的交易价格。

4. 预期经营假设。

- 以被评估公司发展规划和赢利预测为基础做出的预测。
- 假设被评估单位制订的各项目计划顺利实施，并按企业预期目标实现销售收入，预测年限内将不会遇到重大的账款回收方面的问题（坏账情况）。每一年度的收入、成本费用等假设在年底发生。
- 现有的和未来的管理团队不发生变化，并能稳步按照发展规划的中、远期目标推进公司的发展计划，保持良好的经营态势。
- 评估计算过程中涉及的项目建设规划安排以及价格标准，均系基于评估基准日的市场状况而做出。
- 假设被评估单位提供的历年财务资料所采取的会计准则和本次评估所采用的会计准则基本一致。

对于以偿债为主要目的的股权资产的估值，作为债权人一方还应该在股权估值过程当中重点关注以下内容。

- 债务人和债务责任关联人可以偿还贷款的来源：经营现金流、清算剩余资产、债务重组付出。
- 估值变现的折扣并不是由于资产的质量，而是产生于变现的时间要求，本质上是债务人和债务责任关联人可以偿还贷款资产线索的查证，资产变现值的估算，经营现金流的判定，以及其他任何可能偿还贷款的线索和可回收贷款的共同判定结果。

股权资产估值程序实施过程

1. 准备阶段。评估人主要围绕某股权资产的评估目的、评估基准日、评估对象与范围、委托评估主要资产的特点等影响资产评估计划的事项讨论。制订评估综合计划和程序计划，确定重要的评估对象、评估程序及主要评估方法。

2. 清查阶段。评估人重点审查资产评估申报明细表的填报、评估对象真实性和合法性的检查、展开对账面价值构成的调查。

3. 估算阶段。评估人现场对资产进行勘察，根据被评估单位提供的未来经营收益预测表，结合被评估单位的实际情况，查阅有关资料，合理使用评估假设，收集参数，选择评估途径和具体计算方法，得到评估结果。

4. 评估资料的收集。评估人最终将收集评估资料，形成一份相对较为完整的股权资产评估报告。

影响估值的敏感指标——法人主体

近年来，中国股权投资市场日趋活跃，公司的多样性更加丰富，而对于股权估值中的一个尤其敏感的因素——法人主体的识别，是决定后续进一步估值方法使用的基础，法人主体的不同，可能会导致估值方法的明显差异。

对于上市公司及有一定利润规模的公司，通常按 PE（市盈率）来估值，E 就是净利润的意思，按净利润的多少倍来做一个估值。但需要考虑净利润的动态发展，确定是按现状的 E 估值还是按未来的 E 估值。

对于创业型公司，因为公司目前没有利润，每年亏损，则通常按 PS（市销率）来进行估值，以一个倍数乘以它的销售额来估值。

对于互联网公司，通常按用户的数量来估值，简称 PU，以此来评价每个用户身上能挖掘多少的潜在赚钱机会。

对于多元化集团，就需要综合运用上述各种评估方法。比如某陷入危机的集团企业，在北京有土地和写字楼，还有电视板块、体育板块、汽车板块及网约车控股股权。那么对该集团公司的估值就需要运用上述大部分估值模式，土地和写字楼用资产估值模式，电视板块用 PE 估值模式，网约车股权部分用 PU 或者 PS 的估值模式等。

总结与思考

虽然不良资产的卖方（本章重点以商业银行为例）看似掌握了资源与主动权，但其背负着的政策与环境变量的压力，使其不得不改变思路以寻求更多的不良资产的处置方法，并在内部建立专项的特资业务部门来进行更多的研究。买入方和卖出机构均将在未来通过第三方机构提供更多的服务与协助，以提高处置质量和交易效率。而交易效率的提升则基于两个关键点：一个是尽职调查执行的标准，另一个是资产估值的精准与公允度。互联网时代各种工具和系统为这些目标提供了诸多的便利，缩小了买卖双方的沟通距离。未来市场信息的不对称性只会越来越小，卖方和买方将在交易中达成更多的共识和互信，共同进入一个资产交易的“数智时代”。

第三章

资产买受人

资产买受人的主要工作是寻找资产包的内在价值，包括被低估、错放的资产、公司及证券。买入的资产包括债权、股权、物权、有价证券，买受人的上游机构包括银行、四大资产管理公司、地方资产管理公司、拍卖行、业主，主要的出价购买形式包括债权折价购买、股权折价购买、通过竞拍取得、债权及股权整体折价转让。其赢利模式有如下 4 种。

- 债权：回归账面价值。
- 股权：股权溢价。
- 以高利息债务置换既有贷款。
- 资产溢价出售。

在政策性不良资产剥离处置周期里，四大资产管理公司盈利的主要来源包括：以国有企业及集体企业的基础资产为主要不良资产的供给来源，此类资产其潜在价值远大于表面价值；资产管理公司收购的资金来源多为财政拨款及债券融资，其成本相对较低，融资期限更长；城市化进程下的土地规划变迁，导致土地价格呈几何倍数增长是政策性不良资产剥离处置周期中四大资产管理公司的重要利润来源。

进入市场化不良资产处置周期后，大量新进公司认为暴利的盛宴仍在继续，从而给资金的持续进场注入动力。但事实上，很多因素已经悄然发生了变化。

- L 型经济尚未见底，政策方面主抓去产能、去库存、去杠杆、降成本、补短板，倡导脱虚向实。
- 经济持续探底，增加了不良资产预期供给，使其价格走低。
- 互联网对商业形成巨大冲击，传统行业面临产业模式与理念升级换代的巨大压力与严峻挑战。
- 有抵、质押的不良资产，收购价格往往偏高，且市场融资成本增加。
- 土地财政与监管政策盘根错节，致使房价呈现分化走势，虽然房产价格周期性上扬，可房产作为不良债权抵押物，一般都涉及多个纠纷或者诉讼，实际处置困难重重。商业地产的矛盾则更为突出，入场者均面临退出困境。
- 投资者趋于“持币观望”的态度，避险情绪增加，不良资产投资环境低迷。

……

基于以上的变化，我们对当下不良资产市场的现状总结如下。

经济下行、去杠杆、利率与通胀、地缘政治的动荡，以及创新、创业的泡沫等不确定因素导致非标准贷款不良资产的数量和规模都达到了极高的程度。

目前，整体资产价格高昂，一级市场和二级市场给出的收益率在普惠金融、互联网金融介入资产端后明显被高估了，这种介入不良资产处置的融资行为中不乏有庞氏特征的个别机构。

行业门槛低，大量没有经验的投资人入场，急功近利；专业资产管理人也有许多激进的投资行为，投资市场冒险行为盛行。

主流金融机构的投资策略更加保守和稳健，激进的策略仅仅流行于民营资本和一些风险类投资机构中。

结合以上现状，成熟的市场介入者应该展开以下几个方面的思考。

若未来价格空间越来越小，那么持保守稳健态度的大资产管理公司，与激进冒险的小资产管理公司，以及未来资产管理人到底该赚谁的钱？资产管理的利润从何而来？赢利模式又是什么？过去的经验是否可以遵循？不良资产管理行业的商业模式会发生什么改变？众参与者又会有怎样的变化？

不良市场行业参与者普遍认为，当前不良资产价格开始偏离，且偏离后的价格合理性也很难准确判断。基于错误的行业认知，多数机构（买受人）没有得到价格溢价带来的红利。反映盈利的两个重要指标——处置率和收益率目前无从考证，即使在华融和信达的招股说明书中也没有对这两个指标进行明确的叙述。不良资产行业市场化后，很多民营资本进入这个市场，其处置率和收益率更加没有判断标准，也没有机构统计和测评这两个数据，但是它们又恰恰是体现赢利的关键要素。

包括民营资本在内的新进入者和四大资产管理公司合作的能力有限。卖方（四大资产管理公司和银行等）没有足够的动力为最终买入者提供和分享信息，买入者只能凭碎片化的信息做判断。复杂的债权抵押担保关系，使得投前尽职调查较难进行。加之资产管理人对资产的历史情况存在盲区，历史渊源又缺少背景情报。获取信息的途径不对称，使其投资买入的行为存在很大的风险。

买方的估值定价难以精准，即使是抵押物也会因为通过法律途径在行权过程的瑕疵和还款意愿等因素的影响，而导致资产估值、定价和买入行为无法按预期正常进行，进而最终可能形成新的风险。

抵押物的价值受到经济、利率、行业的影响较大，因此对经济走势、不良贷款趋势、不动产价值的总体判断，均需要有较高的专业水准，而大部分民营机构都普遍存在这方面的短板。

此外，法律运用也很重要。不良资产的法律关系一般较复杂，各地法制环境也不尽相同，运用法律手段处置不良资产流程较长、环节较多，因此不良资产投资对法律运用也有着较高要求。

可以明确的是，要在这个市场站稳脚跟，成为赢家，难度相当大。多数人最终会为不当的不良资产投资操作行为买单。

第一节 失 控

一般投资人在买入资产的时候都会把自己界定为一个有能力选择时机的价值投资者，但最终绝大多数却变成了投机者。原因很简单，投资者希望快速获利，必然刻意寻求价格低点的时机，一旦刻意，就势必会对价格波动十分敏感，同时就会受到内心恐惧和贪婪的影响，从而被市场中的内外情绪左右决策，于是忽略了资产本身的价值，容易走上投机之路。

对于成熟的资产买入者而言，选择时机是个危险的举动。真正成熟的投资者并不过于注重操作时间点的精确性，而是重在把握周期的宏观走势后进行选择与判断。在下行周期的任何阶段都可以买入，而在上行周期中大部分时候卖出都不会太错。但如果关注点放在波动上，就容易犯错。规避这一举动的关键因素之一在于：充足的资金供给以及较低的资金成本。除此之外，还有一个最核心的因素：因为买入者本身买到的是有极大泡沫的、被粉饰并被包装的资产，所以要会使用科学的辅助工具或优质服务商的专业服务，对资产进行高质量的尽职调查、更准备的估值。

资产泡沫的构成因素

成熟的资产管理机构对于不良资产市场的繁荣还是泡沫非常敏感，而作为一个资产投资人，一个基本的能力就是了解不良资产市场是繁荣还是泡沫。

资产的繁荣和泡沫是一对孪生兄弟，它们常常一起出现，但一般人却很难辨识它们的不同。总结以往经验，资产泡沫的一些现象会呈现如下明显特征。

- 当整个市场或一个行业普遍收益偏高时，投资人很容易获得高收益，并定下更高收益目标。但主流金融机构，或生存10年以上的金融机构的操作是：开始退出市场。
- 媒体开始推出各种明星投资人和案例作为市场的榜样，即使这些报道都是事实，且各类社交媒体也开始积极转发这些报道时，需要开始保持警觉。
- 各种投资推介会中，越来越多的非专业投资者踊跃而躁动，投资门槛降低，吸引了大量非专业或者低经验级别的投资者进入。
- 投资人不再谈投资策略，只谈收益率。在资本投资冲动积极涌现的时代，不谈风险、组合、策略，而直奔“可能的收益率”。

- 投资人放弃逻辑思维，自我催眠。在小有成绩后，不再回顾历史，不再研究周期，不再洞悉细节，开始相信运气，开始相信“馅饼”。
- 激进的投资人追捧新概念、新事物、新领袖。不可否认，勇敢者的确在一个欣欣向荣的市场中获得了远高于保守派的投资回报，但从长周期来看，最终获胜的往往是那些行事谨慎并对一切保持怀疑和考究态度的保守投资者。
- 市场无数细微的转折形成了经济周期，许多投资者忽略了这些周期转折的信号与规律，而错误地选择了果断行动。

投资市场的跟风者恐惧被遗弃。当市场中一片积极和乐观情绪在蔓延的时候，要保持捂住钱袋子不行动，的确是很困难的事情。借此也可以引出更深层次的思考：投资者通常不担心没有赚到钱，他们担心的是在唾手可得高收益的游戏中，自己居然没有身处其列。

进入还是退出

作为一个成熟的投资者，不太可能因为商业环境中有诸多的风险和不利因素就不参与。但是，投资者要决定自己参与的态度，是更加谨慎还是保持激进？作为一个谨慎并保守的市场参与者，成熟的资产管理人认为：在市场资金充裕，投资冲动难以抑制的时代，不良资产的估值都将徘徊在高位，原来市场中通过简单的司法程序进行处置而获利的模式已经越来越难以操作。原始、粗糙的作业模式，可能会让后进参与者成为无奈并无解的“接盘侠”。目前来讲，参加推介会和行业内信息发布会，确实会带来一些投资机会，但成熟的投资者通常非常警惕大规模的资产推介会和广泛宣传的、人人皆知的转让广告，在这些广告中如果有以下特征，成熟的资产管理者认为这些资产的价格绝对不可能便宜。

- 该资产类别通俗易懂，并且流动性极强。
- 该资产类别是被资本市场认可且无争议，但也无政策及法规限制的存在形式。
- 该资产类别的可挖掘潜力极其明显。
- 该资产的信息已经通过各种途径广为传播，并持续了一段时间且有成熟资料。
- 参与者获取信息的来源大致相同。

在上述因素下如果继续前进，投资者必须具备更有效的工具、更复杂的策略、如履薄冰的警惕性、投资专业精神，以及做更多的风险考量。

和大众同步的想法绝对赚不到钱，但如果想得太远可能会因为错失眼前的机会而输得更惨，我们要做的仅仅是比别人多想一步，保持始终领先。

不良资产市场投资的另外一个关键点是：坚持低价原则，绝不追高！

但即使做了足够充分的功课，对最终买入的任何资产，成熟的资产管理人均应该理解硬币皆有两面的基本道理，如果一旦感觉风险即将发生，应迅速采取积极的应对措施：

- 做好可能亏损的心理准备，以抵抗因心理因素造成的不理性风险；
- 拒绝赌徒思维，做稳健型处置，卖出风险最高的相应资产；

- 快速降低杠杆比例，甚至去杠杆；
- 购入其他相对更在安全边际范围内的资产，补充进组合，进行对冲操作；
- 募集低成本资金替换高成本资金，降低资金压力；
- 观察市场并寻求其他购买人，做好随时退出的准备。

第二节　买受人的几个主要误区及对应方案

在不良资产管理行业中，新进入市场的参与者通常在以下几个方面存在误区。

- 关于价格：过度关注价格折扣，忽略变现价值，面对判断标的的投资价值犹豫不决。
- 关于法律法规：过度关注抵押，混淆债权与物权，忽略财税问题，忽略法律要素，忽略性价比。
- 关于合作机构：忽略生态链条利益机制，忽略协作关系。
- 关于处置：缺乏处置方式组合，缺乏综合判断的时间长短概念。

因此，建议买受人更加关注能力的提升和处置模式迭代，并且学习和使用系统工具。

估值和买入价格

关于不良资产的定价和估值，站在资产出让方的角度，我们在上一章已经有了较为详细的描述，但是作为不良资产的买受人，应该以更加严苛的态度，从未来变现的角度上做进一步的研究。

不良资产的买入定价是指以某一时点为定价基准日，对不良资产的价值进行评估、测算和分析判断的行为。

没有成熟的外部市场，资产相关信息高度垄断，处置业务的数量和时间有限，缺乏相关数据可资借鉴。这些直接导致现有买入定价方法体系均是建立在有效市场假设之上，脱离处置实践，不能有效结合司法情况、债权债务的复杂性和地域、政策环境来进行综合判断。

多数买入方定价体系缺乏适应性，过分倚重资产内在价值分析，未发掘资产交易中的价格提升空间，也很可能过度依赖卖出方的定价依据，造成自身买入评估价格偏离市场价值。

买入方错误的思想体系，或是对不良资产买入行为按固定因素套用固定模式分析，或是单纯依赖评估人员主观判断，没有综合考虑处置历史规律、市场行情、资产经营潜力、发展前景，将导致买入定价流于形式。

外加资产买入后债务人的不配合，也不乏停止经营的企业以及特殊行业的实际尽职调查障碍等因素，致使买入方很难获得正确的买入估值定价。

制定买入价格

确定资产价值的基础是熟练的财务分析，而理解价格、价值关系及其处置前景的关键，是还需要考虑其他市场参与者的心理，或者说能准确地发现并判断其心理。这些心理因素，决定了不良资产的买入价格。所以，资产买卖也是一门深奥的心理学。

其他参与者对该笔不良资产的未来持乐观还是悲观态度，将导致买入价格的持续变化。要获得价格优势并在未来变现该笔资产获得利润，投资者可能需要在其他参与者悲观的时候买进，而在这个时候做出选择，业内的经验丰富者会选择多维判断帮助修正价格区间，具体方法包括以下几种。

1. 利用各种技术手段及司法协作端口来帮助自己修正资产的买入估值。爬虫技术是一种能帮助我们在万维网上从无数网页包含的海量信息中提取出投资者感兴趣、有价值的内容的高效率技术手段，可以自动获取网页信息并按照指定规则提取相应内容。比如“喔居123”就利用了爬虫技术开发了住宅估值系统，以帮助购房人评估修正住宅预期估值。

2. 与专业机构合作。

3. 从不同角度考察资产价格。合理建造各种模型帮助自己建立对资产交易价格基准的判断，而不是单纯依赖资产卖出方评估价格进行交易。

估值系统的使用测评

对于估值报价系统设计的考虑因素、设计结构、原理，我们在第二章中已经做了详细的阐述，此处不再重复讲述。估值系统不仅适合资产出让人也适合买受人，但因为资产买入者在资产交易中可能承受了更多的风险，因此对于估值系统使用中的严谨与严苛程度都将远远高于资产出让人，所以资产买入者尤其要特别利用各种工具，发现不良资产估值中可能会发生的错误。这些常见的错误包括：

- 分析使用的数据有严重缺陷或错误；

- 对后期处置因素严重缺乏整理；
- 被外界情绪感染，成为没有思考的从众之流；
- 价格严重偏离价值；
- 投资人承担了不能承受的超额风险；
- 极端因素导致投资模型失效。

理解法律要素并注重性价比

不良资产管理行业的新进入者，通常最先关心的都是债权转让的价格折扣，其次为资产的抵押是否充足，能否完全覆盖债权，却较少明确地知道影响不良处置的很多其他因素。

从宏观的角度看，谨慎的投资者应当及时了解司法政策的更新变化。如即将出台的关于立案、保全、执行、拍卖等法规的变动；或者从微观的角度看，目标区域的整体司法环境，细化到案件法院的审判惯例、判例、执行的力度，甚至每一个岗位的对接，都会因为影响司法程序的进度，而直接影响资产的退出实现；还有财税、审计等因素也对不良资产的买入处置起着非常关键的作用。

基于对以上因素的了解，资产买入者才可能从多个维度思考处置机会。诸如，寻求与债务人的和解，寻求更多的财产线索，寻求变现能力，进而思考处置变现过程中的财税问题等，这些始终贯彻在整个处置过程中。所有的因素都可能会涉及一个关键的环节——对资产实际司法情况的了解和将要进行的司法程序进展的推动与把握，结合司法程序的进展，全方位详尽细致地尽职调查与估值，对资产的买入行为显得异常重要。

对于最终出价，不良资产买入方必须再次谨慎思考：

- 大量非专业资金进场并有溢价购买意愿，怎么可能还有套利机会？
- 你真的确定你已经了解全部风险了吗？
- 如果获得的回报显而易见，卖家为什么要出手？
- 你是否已经做足了功课，并确定你有更多的超过卖家的信息？

成熟的资产管理人主张从消极中看待积极，在保守中变革地看待资产管理。虽然不良市场本身是偏消极的市场，关注的是市场中暗淡的一面，但这也正给了不良资产管理人透过别人的错误来考虑赢利的机会。另外，如果绝大多数人对市场的态度开始偏消极时，买入方反而可以考虑积极地进入这个市场，从这个时候开始，认真研究买入机构能够使用到的各种技术手段以及严格执行的作业标准。

首先对抵质押资产变现可能进行深度研究（具体详见附录表1），然后展开尽职调查。下面以转让处置类住宅、商业房产的尽职调查为例，为读者梳理尽职调查步骤和逻辑，作为参考（见图3.1）。

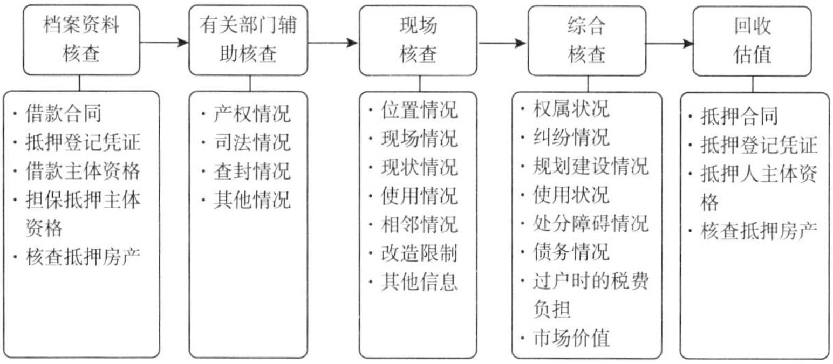

图3.1　尽职调查步骤和逻辑

- 档案资料核查（具体详见附录表2）。
- 有关部门辅助核查（具体详见附录表3）。
- 现场核查（具体详见附录表4）。
- 比对各项信息综合核查抵押物的真实状况（具体详见附录表5）。
- 回收估值（具体详见附录表6）。
- 变量因素分解（具体详见附录表7）。

除了住宅和商业地产外，不良资产市场还存在数量庞大的工业地产。工业地产是指工业类土地使用性质的所有毛地、熟地，以及该类土地上的建筑物和附属物，是有别于住宅、商业和综合类用地以外的第4种性质的用地。工业类用地上的可建建筑物用途有较大的范围，其中包括工业制造厂房、物流仓库及工业研发楼宇等。在我国，工业房地产的土地批租年限为50年，因此，工业地产收购的尽职调查估值与商业地产和住宅均有较大差距，参见附录表8。

在附录中，我们把尽职调查的结构、逻辑、步骤、关键点进行了整理，方便读者清晰地整理作业步骤，其中标注★的科目是我们认为的重点科目，希望读者特别注意。

买入股权类资产的估值与尽职调查

因为股权收购涉及因素更为复杂，并且个案情况各有不同，极具个性化，所以此处只针对共性的部分，对尽职调查的信息收集框架进行阐述。第二章中已就股权估值方式做过分析，读者可结合具体步骤与工具参考（具体详见附录表9），完成股权类资产的尽职调查。

非金融机构不良债权收购尽职调查

基于金融机构对不良资产的自行处置化趋势，加之国家调控政策及经济的发展方向，来自金融机构的不良资产规模应会呈下降趋势，而收购的价格处置的利润也会明显趋薄。各资产管理公司当前都在积极拓展非金融不良资产业务，其回报预期也高于持牌金融机构不良资产业务，未来前景被业内看好。

与传统金融债权收购相比，除原债权人（出让人）为非金融机构外，其基本业务模式与金融债权收购基本相同，但相比金融债权收购，因其早期信贷流程的非规范性及其债权产生原因的复杂多样性，非金融机构债权的收购业务风险相对更大，需要我们给予更多关注与防范，具体步骤与细节详见附录表10。

上述尽职调查的目的主要在于买入方对资产进行买入估值，以保证尽可能合理地出价，但对于因违约产生的不良资产，处置清收往往是第一选择，因此，对于财产线索的寻找也将贯穿整个尽职调查过程。我们对财产线索的寻找做了一个整理分类，以方便读者查阅（参见附录表11）。

以上仅对收购项目尽职调查估值方面进行了讲述，并非应审查的全部事项。每宗收购交易均有各自的特殊性，建议投资人应在每宗交易业务进行的过程中，对目标公司及目标资产进行全面审查，并结合因不同的交易方式或其他影响因素而需要审查的不同要点进行综合判断。

买入后重要的保障措施——诉讼保全

对于违约不良资产的清收，为了最大限度地在最终和解或司法判决前避免债务人转移资产，诉讼保全是一个积极并有意义的保障措施。

1. 财产保全。财产保全是指人民法院在利害关系人起诉前或者当事人起诉后，为保障将来的生效判决能够得到执行或者避免财产遭受损失，对当事人的财产或者争议的标的物，采取限制当事人处分的强制措施（操作步骤见附录表12）。

2. 行为保全。2012年新修订的《民事诉讼法》首次确立了行为保全制度。其中第一百条规定："人民法院对于可能因当事人一方的行为或者其他原因，使判决难以执行或者造成当事人其他损害的案件，根据对方当事人的申请，可以……责令其做出一定行为或者禁止其做出一定行为；当事人没有提出申请的，人民法院在必要时也可以裁定采取保全措施。"

申请诉前行为保全，担保的数额由人民法院根据案件的具体情况决定。其他可参照适用保全的一般规定。

3. 证据保全。一般由利害关系人、当事人在诉讼前或举证期限届满前书面提出。其类型分诉前证据保全和诉讼证据保全。

证据保全可能对他人造成损失的，人民法院应当责令申请人提供相应的担保。证据保全的其他程序，参照适用我国《民事诉讼法》中关于保全的有关规定。

实施以物抵债

以物抵债是不良资产管理人在无法以货币资金收回贷款时，为降低信贷资产风险，而收回借款人相应实物资产以抵偿债务的行为。

债务人不履行到期债务，银行作为抵押权人或质押权人依法拍卖或变卖抵质押财产，并以变现所得优先受偿的，不属于以物抵债范围。

- 方式一：协议抵债，经公证后才有强制执行力。
- 方式二：法院、仲裁机构裁决抵债（操作步骤见附录表13）。

第三节　加入协作链条，建立利益机制

传统的不良资产管理人通过低买高卖、快速清收，依靠“信息不对称+时间效率产值”的赢利模式，已经难以持续。资产情况的复杂化和处置周期的长期化，都需要买入者更加谨慎地安排资金和更加专业地研究各类处置方案。整个资产处置链条中涉及大量机构，包括金融机构、资产管理公司、工商、税务、房管局、土地局、电信、公安、检察院、法院、政府部门等。投资者必须发挥地缘优势，尽可能解决信息中的不对称，在各机构之间展开合作。

不良资产行业中初级买入者的共同问题有以下几个。

- 资产买入者试图将从买入资产信息收集，到尽职调查、处置等整个环节都由一方独立完成，忽略了这其实是一个大量依赖外部资源的过程。
- 资产买入者希望时间周期尽可能短，但司法流程是一个程序性的既定，时间周期不能单方面主观预期设定。
- 资产买入者对于处置行为过度理论化。但是，不良资产管理行业目前没有真正适合中国本土的教材可以学习，而且不良资产处置过程中涉及知识、经验、技巧和细节不易被

明确量化等许多复杂因素，很少有成熟案例可以遵循。市场现有的书籍明显没有太大的实用性，理论与实践的效益不成正比。

- 资产买入者过度依赖碎片化经验。中国的整体经济运行并未真正经历过一个完整周期，再加之基于政策、行业、地域等因素的影响，资产的处置与管理方式会有很多新情况、新变化，以至于本来就呈碎片式的管理与处置经验，并不足以掌控产业的变化与发展。
- 资产买入者对于预期收益的模糊。甚至成熟的资产管理机构对于买入的资产的收益也并没有且很难做出明确的预期与把握。
- 缺乏处置步骤与策略。

综合以上因素，不良资产的处置与管理是一个极其不确定并且操作复杂的行业，某一家机构很难有能力在整个管理过程中完全独立完成业务。与处置链条中的其他机构合作，一方面可以规避经验不足的风险，另一方面也是提升效率的一个重要手段。在展开与处置链条中各环节的广泛合作之前，资产买入者首先要理解不良资产处置的基本运作模式；其次要明确都有哪些机构参与其中，分别起什么作用；再次，在相互合作过程中，要明晰己方会出让什么利益；最后，要知道在合作过程中，合作各方对于对方的合作价值是什么。但无论如何，理解并加入生态链条是避免重大失败的关键一步，合作的主要目的在于：

- 将贷后管理、诉讼执行和处置变现等环节在各参与者之间专业分工，以提高资产处置质量；

- 建立利益分配机制，以提高沟通效率；
- 寻求资金杠杆，匹配资金参与者的投资需求，以提高资金使用效率。

参与不良资产处置的机构及功能

资金提供机构

介入不良资产买入的主要市场资金包括国内私募基金、企业闲置资金（含国有）、主流金融机构（信托、券商、保险等）、境外基金。其投资行为、方式又分为主动管理和被动管理两种。

1. 主动管理：资产买入者主动参与各类处置变现行为，自己连接上下游，或提供处置团队。

2. 被动管理：资金提供者向有能力的持牌资产管理公司或非挂牌的资产管理公司提供优先级资金配资，但自身并不介入资产处置的具体操作。资金提供者重点要考虑自己对资产管理公司能力的识别和风险承受度，其参与市场活动的主要方式包括：

- 资金提供者全盘委托服务机构，或委托原有的资产出让方来处置；
- 服务机构为劣后级，资金提供者为夹层，其他金融机构为优先级，基于服务机构与投资机构、资金方的相互识别和了解，加上自身对资产的深度尽调和了解，愿意承担一定的风险而获得较高回报；
- 资金提供者按比例向服务机构提供优先资金的配资，服务机构提供劣后资金。

处置团队（服务机构）

服务机构将不良资产进行解剖分析，结合源头调查，出具法律意见，再通过勘查现场与查册，获取本案的涉诉、工商、房产、土地和现场等数据信息，从中甄别出有可能妨碍司法程序推进和资产价值提升的数据。

对于资产买入者而言，即使全面展开与行业中的上下游之间的密切合作，组织自己的核心专业团队也是非常必要的。因为资产买入者不可能在所有环节中都完全依赖外部服务团队。核心团队需要具备的重要能力包括：对不良资产的买入评估和定价有深刻的分析能力，对服务机构的处置过程有监督管理和协助的能力，对服务商的服务有延展和再开发的能力。如果没有这些能力，资产买入者的优势和竞争力就会被相对削弱，陷入被动。另外，资产买入者建立适合自己的核心体系还能降低服务费用，同时提高和外部协作机构的沟通成本，并提升效率和效益。

从选择外部服务团队的结构来讲，因为资金的跨地域属性、司法环境的差异，所以不良资产处置团队应以本地化团队为佳，也可以适时和当地服务团队建立项目公司。但从并购重组、投行的业务角度来看，应该是全国化的机构作为更优选择，以便于调动连接全国的资源，进行更复杂周密的处置设计。

外部处置团队的两个关键职能有：（1）针对债权、物权类的不良资产，促使司法技术快速推进；（2）针对股权类的不良资产，促使其增值和出让。优秀的外部处置团队不仅要熟悉资产的尽调、估值、定价、处置和变现各环节，还应兼具资产运营的角色，所以从某种角度上讲，外部处置团队还兼具了资产管理机构的功能。

在市场细化的今天，分别有不同的专业处置机构活跃在不同的资产领域。比如，商业地产处置团队侧重于与地产开发商合作，将空置或低收益的商业用房改善优化，提升债权项下资产的市场价值和流动性；住宅处置团队通常与商业银行、小额贷款或非金融机构有着稳定的合作，并有能力在取得《债权转让协议》后以非诉讼或诉讼方式回收债权；工业地产处置团队侧重于与属地开发区、工业园区合作，工作内容以改变土地性质、重整资产为主；投行处置团队则侧重于并购重组、债转股、资产转换、首次公开募股、产业基金类等更加复杂的偏重投资银行策划的操作。

与专业律师合作

执业律师是不良资产处置链条中的一个关键角色，也是资产买入者的重要合作伙伴。律师利用自身掌握的专业技能与特殊身份，向资产买入者提供起诉或申请仲裁、申请财产保全、申请实现抵押权、申请办理强制执行效力公证、申请变更诉讼主体、申请执行、查找债务人财产线索、申请恢复执行、代理衍生诉讼（追加偿债主体或破解处置障碍）、代理破产清算、代理强制清算、代理追究债务人拒不履行生效裁决的刑事责任等法律服务。

律师在整个不良资产处置业务环节中几乎全程参与，并发挥重要的作用。但成熟的资产管理机构并不是全部依赖于律师，因为绝大多数律师并不懂金融，而不良资产处置的整个环节的设计与实现，都更需要律师从金融和不良资产的专业特性上进行结合来设计法律操作环节。我在不良资产实务操作中，曾与很多知名律所有过或正在进行合作，也设立过不良资产投资基金，还为他们做过相关的培训与方案设计指导。在实际操作执行环节，我发现，绝大多数律师更愿意去做其中某一个阶段的具体法律代理业务，而不是从处置的全局上着手进行设计与参与。律师的思考模式注重逻辑和线条，但是在不良资产处置业务中，发散的投行化思维也非常重要。

由资产买入者委托律师参与的环节与其所要达到的目标包括以下内容。

- 律师参与尽职调查，到司法机关查册股权与资产核验，进行初步评估、资产抽样、投资尽职调查、资产定价、投资决策、辅助完成资产尽职调查评估报告。
- 基于对案件风险与事实的了解，参与交易结构的设计，结合其自身的行业优势，连接并提供外部资源（比如合作资金资源、其他专业资源等）。律师在尽职调查或代理过程中，可以第一手接触、核查有关债权资料或信息（例如债务人的偿债能力和意愿，掌握诉讼对手的财产线索等），基于专业知识和技能，对债权的回收概率进行判断，合法地向其他合格投资者进行债权购买推荐指导。
- 与其他合格投资者一起合作，向委托人（资产买入者）承诺保底清收，从事风险法律服务业务。
- 律师的作用还包括完善债权的相关手续、提起债权转让确认之诉，申请变更诉讼主体，申请（恢复）执行及采取查控措施，参与案件诉讼，应对执行异议、复议等，以及时效管理、发函催收、参与和解谈判、寻找债务人新信息、个案选聘精准代理律师、处理紧急事务等。

- 经验丰富的律师还可以联合会计师事务所、审计、评估机构，介入更高级别的重组盘活以及资产证券化等非诉讼服务。

根据不同资产处置过程的工作难度以及时间长短等因素，资产买入者和律师之间的合作形式、分配模式可以较为灵活地约定。

服务机构费用

多数情况下，律师事务所就是典型的不良资产处置业务的服务机构，所以，我们讨论律师的收费标准，也适用于支付非律师事务所的服务商费用。

1. 全风险代理。律师事务所没有收回款物时不收取律师费，待代理有成效时（指有执行回款、以物抵债、和解、债权再转让、债务重组处置方案启动或完成时）再按约定比例或金额收取律师费。

在收回款项并且扣除了其他非律师事务所承担的处置费用基础上，律师事务所的收费标准为总回收款项的10%～30%；如果是通过以物抵债、和解、债权再转让、债务重组等方式处置的，则通常按前述比例的50%计费。

2. 半风险代理。律师事务所先收取一定前期费用，待约定条件完成以后再按一定回收比例计收后期的律师费。

针对半风险代理业务，资产买入者应该结合业务风险的大小，以及处置过程中律师对项目的主导作用，来选择对律师的付费方式，以减少不必要的支出，使得投资收益尽可能最大化。

3. 非诉业务收费。有部分律师事务所专注于破产重组、投资银行两个偏金融范畴的处置业务。由于债权债务重组是一项复杂的事务，一般法律主体较多、法律关系复杂，律师要负责协调金融、财务、审计、税务、资产评估、工商、法律各环节。具体工作内容还会涉及参与资产买入者委托的商业谈判，参与债权人、股东、决策人、管理人、财务的交割，参与债权人公章、财务章交割，参与资产的交割，参与重组文件的起草与制作等。这就要求参与业务的律师有更大的业务能力、更广泛的资源、更了解金融体系，同时精通破产重组的关键流程，能够把握参与各方的心理，会对资产价值评估进行筛选，有金融同业的资源，能联合关联行业共同运作。假如该律师事务所或委托律师还具备资产证券化、介入现金配资、不良资产投资基金领域知识，则该非诉业务的收费标准可能会大幅度提高。为了保证资产买入者和律师事务所的参与积极性，建议双方可以考虑以项目合伙人的身份共同参与该业务，结合各自贡献度最终进行分配。

会计师事务所

资产买入者通常把资金回收率及回收价格当作关注要点，而商业银行无论是自行清收还是选择卖出资产，其关注点都在于资产负债表得到改观的同时，加快不良资产处置速度。对于上述双方而言，在具体的操作过程中，由于违约债权历史财务数据存在较多遗漏或缺失，错综复杂的关联交易又使得财务背景很难查实，以至于出现在债权收购过程中，财务尽职调查工作的质量难以保证的情况，如果需要相对完善的财务建议，可以考虑会计师事务所的参与服务。

会计师事务所的参与，首先可以给资产买入方提供更专业的财务梳理信息，以及技术性的专业建议与操作，帮助买入者减少因信息不对称所造成的信息盲区误导而做出错误的判断，从而规避可能导致的收购风险；其次，完善的财务指标也更有利于买卖双方对目标资产的交易进行高效合理的谈判和协商。

会计师事务所在通过对目标资产的全面了解后，综合法律、评估报告和处置方案，能够提供合理且具支持性的财务依据，来减少买卖双方主观因素的影响。

持牌资产管理公司

持牌资产管理公司向金融机构买入不良资产后，并不完全考虑选择自主清收，而是将该笔或多笔不良资产转卖给社会其他资产买入者，但最终资产买入者依然可以邀请持牌资产管理公司参与后期资产处置业务。

持牌资产管理公司的参与方式能够灵活选择，既可以选择主导也可以选择提供自有资金进行配资业务，既可以选择全程参与处置也可以选择提供阶段性服务。总体而言，持牌资产管理公司的主要角色定位于充分发挥其金融债权收购重组的优势，围绕着债权融入股权、资产等夹层投资；同时还可利用旗下齐全的金融牌照，为不同层次的目标公司、并购参与各方提供融资服务，并通过对接产业龙头，最终实现资产优化整合。

第四节　区块链技术在不良资产行业的实践思考

不良资产管理是区块链技术最可行、最能行的实现领域之一

按照我国相关法律的规定，金融类的不良资产必须卖给持牌的资产管理公司。在金融行业，资产管理公司的工作相当于不良

资产的批发商，近年来，越来越多的机构与个人进入不良资产和特殊资产市场，他们都面临一个问题：从资产管理公司手上购买打包的不良资产时，信息已经严重枯竭。

第一次信息枯竭是在银行将不良资产卖给资产管理公司之时。很多债权的基本信息，比如工商信息的变化本身就不充分，这些信息包括担保人信息、抵押物信息、起诉书、裁决书、法院判决书、公告信息、拍卖信息等。尤其是作为抵押物的底层资产详细的再次尽职调查文件等，尽管很重要，却都可能存在缺失。第二次信息枯竭为不良资产经手资产管理公司卖给最终的投资者之时。基于主观的原因和客观的原因，信息无法全都披露清楚。所以整个市场在流转的过程中，存在着极大的信息不对称。

不良资产行业本身就存在的信息不对称我们无能为力，但是基础事实层面的信息不能够共享和反复查册，非常浪费资源。信息不对称导致在向投资者进行推介，或在投资者买入并进行到处置环节中，需要律师和出资机构做进一步的资产尽职调查工作，而此时尽职调查工作会将资产管理公司之前已经做过的70%的事实层面的工作重新再做一遍，如此就大量浪费了人力成本和社会资源。

在面对区块链这一技术洪流之时，我们认为不良资产管理行业具有与区块链技术极为契合的部分，在实践中也发现了不良资产管理与区块链结合的创新工具，正在致力于将区块链技术运用到不良资产的估值、尽职调查、管理与转让的各个环节之中。区块链与不良资产结合的应用场景，将这些关键节点利用技术手段再次优化，加上线下的业务本身就有良性的现金流，相比其他区块链技术从研发到转换成商业模式，具有得天独厚的优势。

不良资产管理与区块链存在精神契合

特殊资产处理会涉及大量的司法文件，包括法院的判决书、公告、司法标准文件，以及会计师机构出具的文书等。如果通过区块链技术将这些信息上传到链上，每个文书只上传一次，其余任何一次审查与流转都可实现这一事实层面的确认，就可以节约大量成本。从财务的角度来讲，节约成本就是赢利，对于专业机构而言，节约的成本可以兑换为利润，所以区块链技术应用到不良资产市场中可以形成极大的机会空间。因此，标准化不良资产管理行业比较适合落实区块链的技术应用。

首先，这个市场大、涉及范围广，而且涉及的面是一整套系统。这两条是其必须通过技术改革而实现优化的前提。

其次，有些环节需要权威机构的参与，比如工商部门、法院等。

再次，标准化不良资产处理业务，已经建立起一系列标准，这是区块链技术可行性的保证。

最后，这是一个实现运行闭环的产业。

从最早的不良资产的产生，到最后的处置清收完成，加上中间的司法环节，大概会涉及几十个政府、司法、金融、交易等权威机构，以及律师、会计师等专家组成的团队，这些单位、组织、个人的工作标准和智力劳动定价方案很契合区块链中的智能合约和 TOKEN（令牌）的精神内核。

举个例子：不良资产处置业务要有大量的律师来参加，如果请当地的律师做尽职调查，相对会节约大量成本。针对这一点，区块链可以给律所的律师带来两个好处：一是律师能找到更多的业务，二是全国大型的律所（国内多家律所的分所已经超过百家）内部可以优化流程，更合理地配置费用。另外，不同地方的资源条件不同，而将不同条件的资源进行因地制宜的配置，区块链技术则会产生更多联动效应。

同时，区块链技术能够推动、带动产业整合。区块链技术可以让远在三线、四线城市的律师参与一线乃至国际化的资产处理方案，这对他们来说不仅是工作，还是可以带动当地资产处理生态的系统。

另外，不良资产本来就有一个特殊的属性，即资产的本地化处置，而不良资产的资金却是全国化，甚至全球化的，资金市场通过技术手段实现与本土资源的沟通与衔接也是一个积极的推动力。同样，国际化的资产管理大鳄也因此有了伸入中小城市的触角，这对物理世界的资产和发展平衡都将带来深远的影响。

区块链化不良资产管理行业可以带来的显著好处

降低买入方对第三方机构的依赖度

借助不良资产区块链，减少买受人对第三方机构对资产真实价值传递的准确信息进行监督和验证，弱化重复的司法文件收集工作作为取得资产买售人信任的证明。利用联盟链实现价值在资产违约的司法确认以及机构点对点之间的“无形”传递，可以非常有效地让可信数据实现跨链分享和转移，实际上兼顾了数据保护和共享的需要。

提升运作效率

区块链技术可以极大地改变现行的不良资产市场的组织结构、

管理体系和行政干预方式，让经营的决策更加简单、直接和有效，提高整个市场的运作效率。区块链去中心化的分布式结构，改变了现有的资产凭证零散管理结构，建立起更加安全的“多中心”模式，通过不同机构共享关联信息，及其具有可追溯历史的特性，能够真实反映资产价值依据。不良资产区块链本质上将现有的所有投资机构重复查册的电子证据共享，最终会形成标准化的投资研究工具。

降低管理与资金成本

由于债权数据本身是高度可信的，每一个环节的真实交易也在链上被验证和记录，金融机构就可以非常低的风险来给资产买受人提供低成本的融资。通过联盟链，投资人可以实时查询底层资产的变动情况，调整投资决策，降低投资风险。同样，标准化、共享化的数字取证时间缩短了，不良资产的流动性和增值性自然会提高。

第五节　处置方式的组合

基础处置方式

不良资产买入者最基础的处置方式主要有三大类：司法拍卖处置、与债务人协商还款、债务人委托购买。

资产买入者选择司法拍卖处置是基于债务人在无法协商的情况下进入法律流程的。其关键点在于：处置资产是否首押首封，处置资产是否具备最高抵押额，处置资产是否存在其他优先偿还情况（例如税、刑事罚金之类）。

资产买入者需要特别注意的是，资产查封方会制约首押（优先受偿），资产的最高抵押金额会限制可回收的债权本息，而法院执行判决书的内容也极其重要，应结合借款合同同步研究，并且弄清楚查封的顺序和数量。通常情况下，资产转让时资产卖出方对外公示的信息非常有限，一般不会对此有清晰注明，这时，就需要专业的分析机构出具财务估值报告或提供尽职调查服务，把涉及资产实际变现的敏感问题予以注明，帮助资产买入者或律师准确快速地做出判断。

资产买入者只有综合了以上情况，并将其作为基础的财务分析，才能算真正意义上的资产价值研究。

此外，资产买入者还要考虑地域性的特点。例如在上海通过拍卖取得了住宅属性的抵押物，如果司法拍卖流拍，最终作价抵债，买入者实际得到房产后，可能从投资的角度看，回报并不高，因为该房产的实际价值要减去债权本息的差额，以及契税、个税、营业税、印花税，即无论你卖不卖、变现与否，这套房子都要缴纳上述税赋。此外，拍卖行还将收取总拍卖价格的3%～5%作为服务费（个别案例还可能收取8%）。由此可见，在上海购买司法拍卖房，买的是未来的增值，而并非是现在的小额折价。

资产买入者选择与债务人协商还款，债务人委托购买的处置方式适用于债权金额很高，债务人有偿债能力却想恶意违约的情况。这类资产的处置通常会涉及多方协商，因此不确定性较大。很多理论上可回收的，由于协商的方式不同，可能引起结果的较大变化，所以说资产估值可以量化但资产回收却没办法量化。

综上所述，决定较高投资回报率的基本因素有两个：一是买入价格够低，二是处置能力够强。对于简单的清收处置而言，针对抵押物的不同，处置思路也不尽相同（详见附录表14）。

实施债转股方案

债转股是2015年以来国家鼓励商业银行处理金融类不良资产的一个重要手段。宏观上，债转股是基于产业结构调整，以建立和完善现代企业制度，实现落后企业有序退出、突出和培育优势潜力企业为目的的。微观上，债转股手段体现了有效降低企业债务水平和杠杆率的初衷。

债转股企业包括国有企业和民营企业。

20世纪90年代，债转股的实施以四大资产管理公司为主，2015年以后的债转股实施则是以银行系机构为主，包括四大资产管理公司、保险公司以及国有资本投资运营公司等，均可参与市场化债转股。国家政策还鼓励社会资本的积极参与，同时还支持银行所属机构，或允许申请设立新机构来开展市场化债转股。传统的资产买入者可以考虑以投资银行角色或以分级资金的角色介入债转股方案实施。

对于债转股企业的选择标准

商业银行和资产买入者应寻找资产负债率高、急需债转股且拥有优质资产的企业，作为实施债转股的主要选择指标。从企业的选择来看，央企，影响力较大的省属国企，拥有优质资产、赢利能力较强、拥有上市平台的行业龙头民营企业成为首选必争之地。

从行业的选择来看，首先是以强周期行业为主，在经济处于底部运行时期，经营遇到暂时困难但发展前景良好，所处行业为国家经济发展的支柱行业；其次是涉及国计民生的基础设施行业，如水、电、燃气、交通、城建等行业阶段性资金压力较大，且股东有较强的股权回购能力。

从企业的潜力和资源来看，公司未来有上市计划或本集团有下属上市公司平台，且通过资本市场退出具备较强的操作性，或者具备资产证券化途径退出的能力。

从财务角度来看，首先，债转股实施者应注重安全边际，债转股企业应具有较强的现金流保障和再融资能力，但相关政策严禁僵尸企业、失信企业通过债转股续命；其次，企业当前的有息债务负担较为沉重、资产负债率较高、融资成本较高，具有较强的债转股诉求且债转股涉及的规模较大。

商业银行和资产买入者对于相应债权的选择主要包括：

- 不良债权——以正常类、关注类贷款为主，也包括不良贷款；
- 交叉债转股——非银行债权；
- 成本和抵押物的考量——更倾向选择成本高、抵押物优质或抵押率要求高的债权；
- 以银行债权为主，适当考虑其他类型债权。

在债转股的框架设计中，市场化定价是核心要素——“银行、企业和实施机构自主协商确定债权转让、转股价格和条件”。这赋予了债转股业务较高的非标准化特色，其操作空间和弹性较大。

债转股的退出

从退出方式来看，主要有 5 种：（1）标的企业上市，或将股权装入已有的上市公司，通过二级市场转让实现退出；（2）企业实现兼并重组后，通过第三方转让来实现退出；（3）约定股息分红率，通过分红实现逐步退出；（4）与原股东约定触发机制，按照约定的业绩指标，通过回购的方式实现退出；（5）设立一个债转股的转让平台，通过该平台转让实现退出。

债转股尝试过程中的困惑

1. 债转股的核心是转股以后的治理机制、产业升级、产品的升级换代。它要求操作团队的高精专业能力，而这正是不良资产处置行业普遍缺失的。

2. 实施机构需要特别警惕债转股企业可能通过对财务和经营状况进行包装来满足债转股的条件，借债转股之机恶意逃废债务。

3. 债转股的实施也存在转股股东权益落实不到位的风险，这会影响转股企业的改革改制、经营再塑的有效展开，在转股完成之后企业难以真正走出经营困境并恢复赢利能力，从而无法从根本上实现债转股的目的。

选择并实施并购重组方案

并购重组是资产买入者获得较高利润的较为典型的处置方案，并购重组的本质是债权、股权、资产（物权）3 种基本元素的灵活组合与运用，是一项系统性、复杂性、综合性、风险性极高的投资银行整合过程，涉及对债权人、股东、公司、高管、员工、政府、关联方等多方切身利益的统筹安排（详见附录表 15）。当前，宏观政策的主题基调是抑制资产泡沫和去杠杆。政策导向采取了房地产调控、流动性收紧、金融监管加强、地方政府债务监管趋紧、债转股等一系列举措。在此背景下，持牌资产管理公司作为不良资产的主要买入者，可以发挥债转股和债务清收的优势功能，为流动性暂时出现问题的企业提供适配的并购重组服务。一方面能帮助企业解决清偿问题，另一方面又能有效减缓经济周期波动对实体企业乃至整个行业造成的冲击。

非持牌资产管理公司也可以考虑组建专业团队，以并购重组业务为核心，通过债务重组优化债务企业财务结构，通过资产重组使企业获取未来发展的有效资产，通过赢利结构重组促进企业转型发展。另外，资产买入者也可能随着经济回暖，在风险可控的前提下实现较高的收益，获得具有高价值的长期投资机会。

资产买入者对于并购重组的对象选择也同样极具挑战，在实践操作中，应根据债务违约企业的不同特征有针对性地选择并出具重组方案，以下企业可以作为债务重组的重点选择对象。

1. 因暂时的流动性问题而面临清偿、破产风险的问题资产和企业。主要方案包括收购债权、债务重组、化解企业的信用风险和流动性风险。

2. 产能过剩行业中的优质企业。主要方案包括实施托管、清算、重组、注资、重整等措施，对其进行盘活整合。

3. 处于产业成熟期而有升级要求的企业。主要重组方案包括资本注入、增加流动资金、资产重组、产业并购、国际并购等综合手段，帮助企业吸收、合并、重组有效产业资源，淘汰劣质产能，优化产能结构，以提升市场占有率和竞争力。

资产管理行业中比较典型的重组方案包括以下几个。

1. 债务重组。资产买入者在债务人无法清偿到期债务时，通过与债权人进行协商并达成新的偿还协议，能缓解债务人短期负担。

2. 资产重组。资产买入者通过对现有经营性资产实施剥离或进行资产置换，同时注入其他优质资产的方式，来改善企业的资产质量，从而恢复和增强企业的经营和赢利能力。

对于资产负债率较高或潜在债务风险较大的企业，存在被债权人继续追索的风险。资产重组成本一般较高。

3. 破产清算。债权人资产经申请由法院受理后进入破产清算程序，按照抵销债权、抵押债权、共益债权和费用、职工债权、税收债权、普通债权的顺序进行清偿。

4. 破产重整。只要债务人出现不能清偿到期债务，且债务人资不抵债或明显无偿债能力等客观经营状况，债务人、债权人、投资人都可以向法院申请。

破产重整因为涉及重整的大部分环节，具有典型的操作特征，在全部的重整活动中极具借鉴性，将会被比较广泛地运用在不良资产管理实践中。

资产买入者作为重整方，通过破产重整可以获得危机企业的控制权，甚至是直接掌握和经营危机企业所享有的资源，进而帮助危机企业恢复经营能力，实现己方投资收益。

破产重整可以保障各方利益，能够达成多赢局面。若按破产清算程序进行，债权人的债权受偿率往往极低，对其利益必然造成较大的损失。若能对重整达成共识，各方做出一定程度的牺牲和让步，由重整方引进外部资金激活企业运营能力，则债务人的受偿率有望大幅提高，资产买入人的股权价值可期回升。重整方获得债务人控制权及其资源，实现各方的共赢。

破产重整还能够高效、批量解决债务人对外负债，一次性解决债务人的负债困境。根据《破产法》的规定，未依法申报债权的债权人，在重整计划执行期间不得行使权利，但在执行完毕后，可按照重整计划规定的同类债权的清偿条件行使权利。《破产法》既保障了债权人的表决权，又保障了重整计划的稳定执行，一次性协商解决危机企业的债务问题，大大降低了作为重整方的沟通成本。

需要特别注意的是，破产重整须经法院裁定批准，因而效力稳定性较强。重整计划是债权人、债务人、出资人和重整方的意愿共识，经法院确认后又对各方具有约束力，效力具有稳定性，不能被轻易推翻。

《破产法》关于破产重整主要环节的时间均有明确规定，其关于时限的设置较为合理，并对重整期间债务人的管理方式、重整计划草案应包含的内容、重整计划的表决方式和通过方式，以及法院批准并通过的重整计划草案的权力等都有明确且可操作性强的规定。

重整计划获通过的核心条件之一就是债权人的受偿率。要提出令债权人满意的清偿条件，重整方需要投入大量资金或资本。同时在重组完成后，很可能仍需继续投入巨额资金以帮助债务人改善经营，摆脱困境，这也是作为资产买入者需要提前做好财务安排的一个重要考量。

破产企业现状一般都很复杂，牵涉的债权人和出资人数量一般非常多，全面翔实的梳理债务人的资产负债情况，工序烦琐复杂，工作量大，十分考验重整方的债务管理能力。同时破产重整计划通常要求债权人和出资人做出一定利益让步，这就需要重整方有出色的沟通和谈判能力。

重整的目的是帮助企业暂时摆脱困境，恢复经营与赢利能力，达到重整方投资的升值。这就要求重整方具备在某一行业领域中卓越的经营管理能力，能为破产企业设计切实可行并可持续发展的生产经营方案，帮其真正恢复造血能力。

破产操作的关键步骤以及关键点详见附录表16。

案例一①

重庆钢铁（以下简称重钢）的前身是1890年湖广总督张之洞创办的汉阳铁厂，1938年汉阳铁厂西迁重庆。中华人民共和国成立后，重钢轧制出新中国第一根钢轨，成为我国重要的军工钢和品种钢的研制、生产基地。作为一家钢铁企业，*ST重钢一直是我国西南地区非常重要的钢铁生产基地，其业务立足重庆，辐射云、贵、川及长江沿线区域，主要提供中厚板、棒材、线材等产品。近年来，受各种因素影响，*ST重钢生产规模逐年减小，持续亏损。

2015年以来，*ST重钢处于较大的经营困境中，同时自身债务负担沉重，在进入重整程序前已资不抵债。据财务报告显示，*ST重钢2015年和2016年已经连续两年巨额亏损，并面临被实施退市的风险警示。其中，2016年公司账面资产总额约364亿元，负债总额约365.46亿元，资产负债率已超100%。

2017年7月3日，重庆市第一中级人民法院做出《民事裁定书》，裁定受理重庆来去源商贸有限公司提出的对重钢进行重组的申请，并指定重钢清算组作为管理人。公司10月21日发布公告称：截至10月18日，重钢管理人共接受1 452家债权申报，申报债权总额为390亿元。经管理人审查，初步确定1 391家债权，金

① 资料来源：重庆钢铁股份01053.HK公告。

额合计 365.5 亿元。

如果 * ST 重钢进行破产清算，现有资产在清偿各类债权后已无剩余财产向出资人分配，出资人权益为零。为挽救重钢，避免其破产清算，出资人和债权人需共同做出努力，共同分担实现该上市公司重生的成本。

根据出资人权益调整方案所公布的四项受让条件如下。第一，重组方向上市公司提供 1 亿元流动资金作为受让重钢集团 2 096 981 600 股股票的现金条件。第二，重组方承诺以不低于 39 亿元资金用于购买管理人通过公开程序拍卖处置的前资产。第三，重组方提出经营方案，对重钢实施生产技术改造升级，提升重钢的管理水平及产品价值，确保重钢恢复持续赢利能力。第四，在重整计划执行期间，由重组方向重钢提供 3 年利率不超过 6% 的借款，以供重钢执行重整计划。

在上述根据出资人权益的调整方案中，重组方承诺，自重整计划执行完毕之日起 5 年内，不向除中国宝武钢铁集团有限公司或其控股子公司之外的第三方转让其所持有的上市公司控股权。

为推动重整的顺利进行，* ST 重钢对出资人的权益进行调整。调整方案显示，以 * ST 重钢现有 A 股总股本为基数，将按每 10 股转增 11.5 股的比例实施资本公积金转增股票。共计转增约 44.83 亿股，转增后 * ST 重钢总股本将由 44.36 亿股增至 89.19 亿股。此外，* ST 重钢控股股东重钢集团还将让渡 21 亿股股票，用于引入重组方，以支持重钢本次大规模重整。以停牌前股价 2.15 元计算，上述让渡股票市值约 45 亿元。

11 月 3 日下午，* ST 重钢发布公告称，结合重钢的实际情况，通过市场化比较，最终确定四源合基金与重庆战新基金共同设立的重庆长寿钢铁有限公司为重钢重组方，参与对重钢进行重整。查阅长寿钢铁的工商资料可知，四源合基金持股75%，重庆战新基金持股25%。

随着2017年钢铁行业回暖，*ST重钢扩大生产规模，加强成本控制，1~9月完成营收81.83亿元，同比大幅增长122%，净亏损8.82亿元，相较去年同期亏损30.91亿元大幅减亏，并预计2017年全年将实现盈利。因而，有分析人士指出，若此次顺利实施重组方案，将有望为*ST重钢的未来发展创造巨大想象空间。

经验分享

这个并购重组案是基于避免*ST重钢最终破产清算而启动的重组计划，若走清算路线则出资人的损失将是巨大的，并且损失不可逆转，选择重整方案无疑是明智的选择。

*ST重钢本身具有以下特征：

- *ST重钢因暂时的流动性问题而面临破产风险，但该企业基本面长期看好，且钢铁行业回暖后，企业活力依然能够得到激发；
- *ST重钢虽然属于产能过剩企业，但仍然是行业中的优质企业，有较大盘活整合空间；
- *ST重钢处于产业成熟期但有明确的产业升级需求，在优化产能结构后，市场占有率和竞争力都将得到大幅度提升。

因此，重组方协调各方做出一定程度的牺牲和让步，开出了让各方都能接受的受偿条件，既帮重钢解决了债务问题，又为出资人保值甚至提升了股份价值，还为重整方带来了巨大的投资获利想象空间。

这个过程依赖于四源合基金的强大资金实力，从重钢的利益让渡来看，也充分证实了重组期间撮合斡旋方的沟通谈判能力是何等重要。但最终能否让重组方真正获利，让出资人实现股票资产的保值或是增值，还要看后续重组方的经营管理能力和退出能力。无论如何这种资产重组将会是未来的一个主流形式，非常有借鉴意义。

业内人士认为，＊ST 重钢此次重组若能顺利推进，或为中国钢铁行业的结构调整、转型升级探索出一条新的道路，创建一种新的模板。

案例二①

A 地产项目由某置业公司开发，位于江苏省无锡市的交通要道，项目占地面积 43 平方米，项目用地系出让所得，由城市道路划分为 A、B 两个地块：A 地块性质为办公和商业用地，占地面积为 12 573 平方米，B 地块性质为住宅用地，占地面积为 30 919 平方米；两个地块总建筑面积为 188 560 平方米，其中 A 地块为 67 218 平方米，B 地块为 121 342 平方米；销售面积共为 131 905 平方米，其中 A 地块为 49 870 平方米，B 地块为 82 035 平方米。

① 资料来源：信诚国投（北京）资产管理有限公司策划方案。

目前置业公司已依法取得《国有土地使用证》、《建设用地规划许可证》、《建设工程规划许可证》、《建设工程施工许可证》和《商品房预（销）售许可证》等许可证书。

由于缺乏资金，A 地块的施工建设现已中止。目前，A 地块已基本完成主体结构、粉刷及部分机电安装和消防设施建设。但是破产管理人对该项目进行公开招募后并没有投资者愿意接盘，其主要原因是当地办公楼市场并不活跃，导致资产价值不增反降，按照传统的处置方式，可能该项目很难顺利转让。

某体育旅游地产运营商和资产管理公司首先对政策进行了研究。一是国家旅游局、国家体育总局共同印发《关于大力发展体育旅游的指导意见》（旅发〔2016〕172 号）中提出了 5 个 100，即到 2020 年：在全国建成 100 个具有重要影响力的体育旅游目的地、100 家国家级体育旅游示范基地，推出 100 项体育旅游精品赛事，打造 100 条体育旅游精品线路，培育 100 家具有较高知名度和市场竞争力的体育旅游企业与知名品牌，体育旅游总人数达到 10 亿人次，占旅游总人数的 15%，体育旅游总消费规模突破 1 万亿元。

二是 2017 年 5 月，国家体育总局发布了《国家体育总局办公厅关于推动运动休闲特色小镇建设工作的通知》，2017 年 8 月，全国首批 96 个体育运动休闲特色小镇试点名单公布。

在国家旅游局和国家体育总局公示的首批“国家体育旅游示范基地”创建单位和“国家体育旅游精品赛事”名单中，蠡湖国家体育旅游示范基地和无锡马拉松分别入列。

2017 年 7 月 6 日，由国家旅游局、国家体育总局联合主办的“全国体育旅游产业发展大会暨水韵江苏推介活动”在江苏省无锡市召开。会议强调，体育旅游是体育与旅游高度融合的产物，是全域旅游的题中之义，是“旅游+”的重要形式。当前，我国体育旅游产业发展势头强劲，具有旺盛的生命力，在体育观赏游和体育体验游两个方面取得了突破性进展。

体育旅游产业是旅游和体育产业深度融合的新兴业态，大力发展体育旅游是促进旅游业转型升级、拓展旅游发展空间的必然要求，也是推动体育产业提质增效、促进体育消费的必然选择。

政策创新一直是推动无锡旅游业转型升级的重要保障。在无锡市委、市政府制定出台现代产业政策的过程中，无锡市旅游局把握跨界融合这一旅游业发展趋势，创造性地提出“旅游+”特色休闲业态创新奖励政策。

在对政策进行了充分的调研以及与当局相关主管的部分接触后，地产运营商和资产管理公司还同时对该项目进行了综合调研以及详细的数据分析，结合当地地产发展现状与趋势，提出了将该项目改造成为该市首家体育商业综合体的建议。其中写字楼部分建设成为“体育旅游大厦”，在引进相关职能机构进驻的基础上，成立该市体育旅游论坛常设办公室，并通过相关专业机构对国内著名体育运动品牌进行招商。酒店式公寓部分建设成为“体育旅游公寓”，商业部分建设成为体育产业加速器、体育教育培训及体育展览展示中心。提案机构提出，该项目后期建设建议委托熟悉体育旅游行业的地产开发商来完成。

经验分享

这个项目如果按照原有的破产管理人设计的破产重整计划完成将有一定的难度，一方面是因为项目瑕疵较大，另一方面则是因为传统的房地产经营模式发生了变化。在新的经济周期中注入内容并有运营能力的开发经营企业正在成为市场中的优势力量，体育旅游商业综合体的运营思路，一方面能化解项目在前期规划中形成的瑕疵，另一方面有助于提升该市在全国体育旅游产业领域的主导地位，加强该市作为国家体育旅游示范基地的辐射力和影响力。因此可以尝试获得当地政府的相关补贴和政策支持，还可邀请当地相关部门的积极参与。这种资产管理人与投资银行以及产业运营商的共同协作重整，将是未来破产重整的一类典型模式。

第四章

特殊机会基金的策划与管理

橡树资本总裁霍华德·马克斯（Howard Marks）曾说过：“投资不良资产有三个要素，第一是公司不明智的信贷，第二是无法偿还债务的公司出现，第三是可靠的债务重组体制和法律机制。”

在国内目前的商业环境中，很多基金管理公司或资产管理公司各展其能，投资组合以及跨行业、跨领域的投资策略层出不穷，颇有“乱花渐欲迷人眼”的架势。但是，其中很多机构都可能或者已经呈现出过度投机的特征。

对于基金投资者而言，投资组合和投资策略在安全边界可控的风险范围内，似乎是令人放心的事，其实不然，很多不可控的风险蕴藏在更深的层面上。近年来的市场上，已有预兆显示暗流汹涌：部分民营财富管理机构的崩盘、部分上市公司信贷违约等。看起来光鲜亮丽的“超极大牛”，其外表被不负责任或缺乏经验的管理人精心粉饰、反复包裹，这不光使资本市场的投资者有所迷失，甚至是行业领域内的专业人员也会心有偏离。

按如此走势发展，势必导致市场情绪越来越谨慎，投资者与资产管理人之间的互信度越来越低，进而消减了投资者进入市场的积极性。

但从另一个角度看，如此背景下的特殊不良资产市场（本章从资产管理人和基金管理人的角度看不良资产的总体构成，既包括了以商业银行为主流金融机构的不良资产，也包括非金融机构的问题资产，价值低估、具有短期变现需求、存在较高升值潜力的债权、物权资产，这类广义的不良资产，在本章介绍资产管理人以及基金管理人的管理类别部分统称为“特殊资产”），反而更值得保守及稳健的投资者关注。此类资产由于其自身已经被界定为问题资产和不良资产，风险已经被充分暴露，其估值更是剥离了华丽的表皮，使得其相对价值更接近真实价值，从而可以被精确量化和保守评估。其中，有些极具潜力的资产甚至因为在某些破产重组活动中被严重打折，反而可以被划分为有风险对冲特征的优质资产，其安全边界较其他投资更大。

不过，特殊资产管理行业的操作难度更大，团队组成的复杂程度远胜于传统基金管理行业。一只优秀的特殊机会基金，需要由金融市场中更有智力、创造力，更富冒险精神、研究精神和持保守态度的探索者来共同构建。显然，因为人才的稀缺，特殊资产管理以及基金管理的操盘手注定是稀缺资源。

如果对特殊资产管理行业的领域进行细分，可以发掘出基金管理人们的赢利策略各不相同，分别有行之有效的方法、经过验证的工具，这些宝贵的经验对于不良资产和投资基金管理人来说更是有着不少探讨和学习的空间，并从基金的管理方式、风险控制等方面引发对基金未来科学化管理的思考。

第一节　起源与市场背景

特殊机会投资的起源与发展

19 世纪英国铁路行业的发展波动带来的投资机会揭开了特殊

机会投资的序幕。20 世纪 80 年代，“垃圾债券之王”迈克尔·米尔肯（Michael Milken）创办的德崇证券斥资数百亿美元购买了 1 000 多家发行人的债券，成为发行债券进行杠杆收购和敌意收购的第一人。20 世纪 90 年代初，德崇证券在美国证券交易委员会（简称 SEC）提起的集体民事诉讼之后崩盘破产，但在此之前，德崇证券是黑石最大的募资机构，也是最早的垃圾债券投资机构，而最终黑石却经过自己的业务发展与沉淀，成为全球私募股权投资行业的领头羊和第一家上市的私募基金管理人，同时也是全球最大的不良资产管理机构。

由募资机构演化的投资机构未必是最大的赢家。以黑石为例，业务并不侧重于募资，而是侧重于专研，正是它的步步为营，最终才攀上高点。从长期来讲，基金的经营与研究更胜于资金的获取。

20 世纪 90 年代的高收益债危机（高收益债大面积违约），逐渐扩展到亚洲市场（1997 年的亚洲金融危机，企业违约率上升）和欧洲市场（2010 年的欧债危机为困境基金提供了大量的不良资产组合）。21 世纪初互联网泡沫破灭之后，违约率再次高起。2001—2002 年，随着一系列备受关注的破产案陆续发生，如世通公司（Worldcom，史上最大公司破产案）、安然（Enron，导致全球最大的审计公司安达信倒闭）、康塞可（Conseco）、环球电讯（Global Crossing）、凯马特（Kmart），不良资产投资证券的供应量激增，对冲策略又开始活跃。至今为止，特殊机会基金、困境基金、偏重于二级市场的对冲基金一直是投资市场中一个极其重要的组成部分。

全球特殊资产形成的主要因素

从资产角度来看，全球特殊资产的规模未来将面临大幅度增长。影响的主要因素包括全球范围内债务发行规模过大、全球流动性转向紧缩、违约风险上升以及经济增长前景不明朗等，具体归纳为以下几点：

- 全球范围内债务发行规模过大，但偿还能力不足；
- 欧洲地区债务总额长期维持在高位；
- 美联储紧缩货币，向发展中国家的货币政策施压；
- 信贷失衡的迹象明显；
- 新兴市场国家的负债总额开始迅速上升，特殊（不良）资产规模有望呈现大幅增长，这为收购有价值的特殊（不良）资产提供了一个好时机。

国内的特殊资产形成的宏观因素主要包括：

- 近年来中国面临资本外流的压力；
- 中国一二线城市房价面临从纪录高位下跌的风险，并且供需失衡；
- 中国基建投资热潮减弱导致产业结构失衡，创造价值的中小企业面临行业挤压；
- 美国贸易制裁从威胁走向实践；
- 我国的劳动人口面临急剧短缺的风险。

随着特殊资产投资的积聚和政策层面的不断“还权于市场”，特殊资产的投资市场已经开始从完全的卖方市场向买方市场转变，由政策性主导向市场化主导过渡。国内更多特殊资产还将在未来涌现，但形式会更加多元化，而不再仅以商业银行为主。基于呈现出来的微观层面上的特殊资产形成因素，也要求特殊资产管理人和基金管理人准备承接更多的挑战。

1. 证券市场超级概念股屡屡创出新高。在互联网概念的包装下，违背商业逻辑的赢利模式依然获得机构和个人的积极追捧，而有价值企业却因生命周期较长，导致其被市场严重忽略。

2. 各类民营新兴金融机构正在为了获取短期高额佣金，而为低质量有贷款需求的企业提供融资，企业经营风险在短期利益的刺激下被人为掩盖。互联网金融的兴起以及低门槛介入，让垃圾级别的企业债券从极其边缘的地位逐渐升高，变成了投资市场的“家常菜”。

3. 私募股权基金行业中充斥着大量策略简单、几乎毫无风险控制的产品；而新兴市场的蓬勃发展，为更具风险的股权投资市场，以及优劣难辨的融资企业提供了粗放的融资通道。随着时间的流逝，合同逐渐到期，退潮的沙滩上正聚集了越来越多的彷徨的基金管理人——如何延续投资合约？这是一个艰巨的挑战。

4. 在更加严厉的监管和政策收紧的市场环境中，靠绑架商业银行维系的数量庞大的“僵尸企业”，正面临金融机构和政府将其剥离的最后决心。这个决心不是下不下的问题，而是什么时候下的问题。

5. 四大资产管理公司均是国有企业，不是完全的市场化产物。第一轮的剥离，都是持牌金融机构间的业务合作，商业银行不良资产投资只能由持牌资产管理公司收购，二级市场要介入必须通过此类公司来转手。二级市场的非持牌投资者还没有形成规模，没有能力处置较大的资产包，但资产管理公司开始涌现出强烈的零售意愿。

中国国内投资人的财富配置

瑞信研究院发布的《全球财富报告》分析：2017 年中国家庭财富总量为23.39 万亿美元，中国成年人平均财富总量为22 864 美元，约合人民币 15.8 万元。预计到 2021 年，在全球新增的 2 亿中产阶层（净资产 1 万 ~10 万美元）中，中国将占一半。

中国的财富管理市场刚刚起步，高净值用户的理财观念也才形成不久。目前，中国的储蓄率仍有 50% 以上，而在西方国家，储蓄率仅为 20% ~30%。

多家财富管理机构的调研显示，在中国，无论是普通百姓还是高净值人群，对于财富管理的需求都很旺盛。对高净值人群来说，保值增值、跨境配置、家族传承、风险隔离等理财的需求会更加多元化。这一时期，传统的重化型财富生成模式正在褪色，另类投资成为主要资产配置中博取高收益的关键配置之一（根据波士顿咨询的调查报告显示，金融危机后，大型机构投资者广泛增加另类资产配比，以应对低利率对回报率的冲击），而特殊资产投资作为另类投资中表现最佳和对冲性最强的品种，其在资产配置中存在一定稀缺性，需求居高不下。

市场可投资基金的总量有限。虽然对特殊机会基金的配置需求旺盛，但特殊资产的行业门槛高，能参与交易并处置不良贷款的金融机构有限，可以投资的基金总量也不高。

4 万亿元经济刺激周期后形成的“泡沫”被挤掉之后，有价值的资产能剩下多少呢？有多少价值？是一块蛋糕，还是一块“烫手的山芋”呢？很多有经验的资产管理人凭直觉得出的结论是：山芋一大锅，蛋糕并不多。

目前投资者对特殊资产市场预期乐观，大量金融机构开始积极介入。就市场现状来看，在经济下行阶段，部分特殊机会基金会在发行市场上给出明显高于传统被动管理基金的收益率。大型机构对特殊投资基金配置的需求也很旺盛，一方面，全球存量财富空前累计，以及大类资产收益率低迷，再加上特殊资产投资的高收益和对冲特性，导致投资者对特殊资产投资基金配置需求居高不下；另一方面，可投基金供给不足。供不应求的现状将有望促使困境基金更多地发行。

第二节　典型特殊机会基金

特殊机会投资基金又名秃鹫基金，是指专注于特殊资产投资的基金。特殊资产既包括不良贷款，也包括困境企业的债务/股权，以及经营困境的不动产。特殊资产投资基金会折价买入陷入困境的资产，通过未来资产的赢利能力和现金流的修复进行获利。

当下的特殊机会基金管理人已革新成为新的机会主义者，他们告别早期的原始粗暴的模式，同时在一级、二级市场中寻找新的机会。所以，他们把自己定义为新的机会主义者或市场的改良者，现在的做法则更侧重于善意和积极的一面。即使如此，基金管理人仍然关注着金融市场的“阴暗面”，不可否认，机会通常也源于这些阴暗面。

从投资银行的角度看，特殊机会基金所针对的投资策略是从传统投资基金对资产进行增值处置的单一模式，上升到对资产价值的重新认识，并结合外部资源，进行并购、重组、债转股、注入新的管理层、改善企业内部结构等方式，对目标资产进行革命性的调整。通过对投资银行典型业务、方法、技巧、资源和工具进行合理的运用，强化资本流动性，强调资本的退出机制，强调对陷入困境并处于迷茫阶段的企业的外部介入，投资策略也包括更多地使用和创造适当的介入手段。此外，具有投资银行理念的特殊机会基金，更加关注个别投资项目的深度介入，及其时间的关联性和符合法理的一二级市场联动操作。所以，基金管理人往往将自身定义为特殊投资基金管理人，同时也是新机会的发现者。

特殊机会基金的表现受到经济周期、资金面松紧程度和市场情绪的影响，会出现以下几种情况。

首先，当经济处于下行周期时，特殊资产投资供给增加，投资机构以较低的价格买入特殊资产，从而使基金成本降低；而在经济上升时期，则有利于买入的特殊资产投资的估值恢复。

其次，在资金面趋紧、利率升高的情况下，资金成本抬升，降低投资特殊资产的配置意愿。但是在证券市场环境恶劣，市场情绪低落的情况下，对困境证券的估值、退出、买入形成了另外一类典型的投资基金形式，即“对冲基金”。

为了表述方便，之后我们均用“特殊机会基金”统一表述此类基金，详见表4.1。

表 4.1　特殊机会基金与其他投资基金的特征对比

项　目	风险投资	并购基金	夹层基金	特殊机会基金	证券基金
对象	创业、早期	成熟、衰退	调整期资金需求	财务危机、违约	二级市场的上市公司
工具	可转换优先债（股）	杠杆融资收购控股权	次级债权	债转股、并购、重整、清收债权	股票及相关权益
退出	上市或转手	先退市，再上市或转手	企业还本付息	上市或转手	平仓
收益	优于二级市场	略高于二级市场	介于固定收益和二级市场收益之间	最高	不固定，波动大
风险	低概率、估值水平因素、并购市场活跃度	退出时机不当将面临较高融资成本	失败导致信用风险	最高	市场的因素，不可预测
管理人	项目评估	熟悉交易对手	会计师	综合团队	偏重于基本面、技术的分析
投资人	行业人士	中等级别	中等级别	高级别配置	中等级别投资人

在经济遭遇危机的时候，普通价值投资很可能陷入困境。但是，特殊机会基金却善于抓住经济下行、经济衰退、市场无效带来的投资机会。因此，特殊机会基金尤其适合企业运营发生危机时期的投资策略。

特殊资产与传统资产的相关性并不高。从历史数据来看，特殊机会基金与股票、债券、商品的大类资产的相关度较低，尤其是在资产价格崩塌的金融危机期间，甚至呈现出负相关。在传统投资组合中加入困境资产投资组合，既可以在保证收益的同时降低风险，也可以作为经济下行的有效对冲手段。

特殊机会基金的主要特点

1. 违约率决定基金业务来源的供应量，回收率则是基金的关注重点。

2. 特殊资产市场的流动性较低。该市场通常没有正规的竞价机制，是主要投资风险的来源。

3. 特殊资产行业里的私募基金管理人，通常对破产重组过程了如指掌，同时也具备对此类资产进行估值的专业技能和管理能力。

4. 特殊机会基金风险管理方式独特，由于特殊资产往往缺乏流动性，控制风险最好的武器，就是对受压公司的深度调研以及拥有扭转企业逆境的运营经验，这尤其适合积极型基金。

5. 特殊机会基金无法通过融券来做空股权类违约资产，所以资金的来源会受到一定的限制，多来自一级市场，不太容易来自二级市场。

6. 如果流动性充裕，可供基金管理人操作的特殊资产供应量就会减少。因此长期而言，纯粹的特殊资产基金获取业务的难度也高于其他基金。

7. 特殊机会基金的主要套利机会多来自基金财务杠杆的使用和低价收购。

第三节　特殊机会基金的设立

基金的分类

基金管理人应对该行业进行不同纬度的宏观的了解，认识特殊机会基金的主要类型。

一种典型的特殊机会基金是以投资银行的理念、思想及典型的专业操作方法来从事投资基金的业务运营及管理。基金除了典型的基金管理业务外，还可以在管理框架中设有一个专业团队，继续从事投资银行的典型业务。团队除了基金管理产生的收益外，还可能在从事投资银行的业务中获得收益。

另一种类型是特殊资产投资银行业务基金。对基金管理团队的投资即基金投资，模式更侧重于轻资产运作。基金将特别注重行业的深度研究和价值挖掘，同时展开更广泛的外部协作。基金的特征在于对人的管理和协作机构的管理，操作更加灵活，风险更低。

除了投资银行概念的特殊机会基金外，采用特殊机会投资策略的基金在目标市场的选择以及工具的使用上又分为私募股权基金（被动型基金）和对冲基金（主动型基金），参见表4.2。

虽然有以上差异，但是目前市场上特殊资产投资私募股权基金和对冲基金的差异正变得十分模糊，在具体的运用中往往采用组合的策略。特殊资产的积极投资与私募股权投资十分相似，目前更常见的是使用复合式交易方法，一般采用对冲基金或私募股权基金两者兼具的方式。从这个角度来看，特殊资产投资基金，尤其是积极型基金，往往被视为高流动性的对冲基金与私募股权基金的混合体。

表 4.2　私募股权基金和对冲基金的主要区别

项　目	私募股权基金	对冲基金
投资偏好	长期投资	中短期投资
活跃市场	一级市场	介于二级市场与一级市场之间，甚至包括一级半市场
规模	基金数量不多，规模都比较大，市场成熟	基金规模有的超级庞大，也有的仅有数百万美元的规模
手段方式	侧重于破产重组并购上市	熟悉二级市场并购，较多关注困境证券本身产生的交易机会，通常在二级市场上买卖股票，找一些机会
对工具的利用	低	高
对外部资源的依赖程度	高	低
管理成本	高	低
流动性	差	较好
是否需要获取控制权	是	否
是否需要支付管理层溢价	是	否
是否需要股本投入	大量股本投入，高杠杆	不需要或很少需要股本投入
决策信息	复杂的尽职调查，可以接触非公开信息	根据公开信息做出投资决定
投资周期	长	短

（续　表）

项　目	私募股权基金	对冲基金
投资策略	1. 不良债权（折扣价格买入） 2. 未来增值特定点退出（特殊机遇，如公司重组和公司交易） 3. 重振资本（通过股权投资介入困境公司，使其业绩改善并因此获取收益）	1. 不良证券（主要投资破产流程的固定收益类资产，其交易价格往往会低于发行价或到期的票面价，主要运用于债权） 2. 特殊机遇（主要投资于破产的股票和退出资产重组程序的股票） 3. 股票策略、信用策略、相对价值、多策略、重点集中战略

特殊机会私募股权基金还有一种典型的形式是债务重组基金，该基金是以帮助破产或者濒临破产企业进行债务重组，以减轻企业债务、减少债权人损失、获取合理利润为目标的私募基金。一般而言，介入的组合条件考虑的是：(1) 债务人、债权人有债务重组的意愿；(2) 债务的杠杆率不太高，现有资产具有一定的价值，存在重组基础；(3) 债务已经充分暴露，已经进入破产阶段，隐藏债务的风险较小；(4) 债务回收路径清晰，回收时间不超过1年。

介入的方式主要有4种：以资产清偿债务、将债务转化为资本、修改其他债务条件以及以上3种方式的组合（将债务重组划分为多个部分，同时采用资产清偿、债务转资本、修改其他债务条件等两种或两种以上的方式进行）。

对于偏主动管理的对冲基金而言，经济学家拉斯姆森曾说过：主动型基金并不是为投资者设计的，因为其无法为投资者创造更多价值。主动型基金是为基金经理设计的。基金经理在主动型基金的运作中有更多的权利、涉猎范围和发挥空间，监管相对更少，所以自觉的约束就成为一种必然。基金经理自身必须具备较高的道德水准，不仅要为投资人有更多的考虑，也要对自身有一些行为约束，否则，主动管理型基金往往会因为权力过大限制过小而发生管理人道德风险。

这个观点值得基金投资者在选择基金投资时谨慎思考。

基金的策划与设立

特殊机会基金是一个资源高度整合的管理构架，对资源的整合能力直接影响到基金的长期发展与短期起步。所以基金管理人需要具备深刻的“整合”思想，其需要整合的内容包括以下几个。

- 理念整合：基金管理团队应该立足于对当下掌握的有效资源、市场状况及经营前景和风险有足够认识的基础上，对管理人提出的理念进行分析、研究和论证，并做出对各环节整合的一系列行动。
- 资源整合：对管理公司的财务、专业资源和不同权益机制的整合。
- 工具整合：认识并使用资产市场和投资市场间一些有用的载体及工具。
- 人才整合：人才的专业能力和专业经验的有效组合是所有基金策划所面临的最大困难。
- 时机整合：基于对资本市场和资产市场不同阶段主流概念及基本趋势的重新认识，人为地“寻找”到理想的基金组建时机，也就是所谓的“顺势而为”。

另外，特殊机会基金还需要重点关注几个问题。通常，特殊机会基金会以特殊目的载体（简称SPV）的形式进行运作。但在我国，基金行业的兴起时间较短，法律、税收、会计等配套机制和措施有待进一步探索和完善。而SPV牵涉众多交易主体，交易结构复杂，这些又都必须由完善的法律法规体系来保证其运作，可是目前国内缺乏专业层级较高的法律法规来统一规范该业务。此外，SPV的税收处理、不良资产出表的会计标准等问题，均有待在项目实践过程中获得进一步的探索完善。

特殊机会基金还存在现金流不易预测的问题，其早期资产估值、定价都较为困难。与正常贷款不同，不良资产本身不能正常还本付息，未来现金流存在很强的不确定性。考虑到处置成本、流动性溢价和其他投资的机会成本等因素，基金估值带有较强的主观性，这是另外一个需要考虑的问题。

特殊机会基金设计的考虑因素

SPV的运作

SPV指特殊目的载体，也称为特殊目的公司/机构，是指接受发起人的资产组合，并发行以此为支持的证券的特殊实体。它的设计主要是为了达到“破产隔离”的目的，是整个资产证券化过程的核心，各个参与者都将围绕着它来展开工作。当工具运用得当，一个正确的商业模式就能产生一个正确的赢利模式。资金、管理的结构，围绕SPV精细化设计，加入资金杠杆及内部管理和外部管理，然后在此基础上再考虑其他参与者的介入（见表4.3）。

表 4.3　公司模式的 SPV 和基金模式的 SPV 的特征比较

项　目	公司模式的 SPV	基金模式的 SPV
形式	有限责任公司 股份有限公司	基金管理公司子公司 基金管理公司下设有限合伙企业
法律结构和资金来源	稳定	相对较弱
优劣	1. 运营受到资本的限制仍然较为明显 2. 通过进一步下设子公司方式合资投资，对资本约束有所缓解，但对项目的管控力也随之减弱 3. 运营成本较高	1. 更大的灵活性 2. 通过募资过程有效解决了投资公司模式下最核心的资本约束和风险分散两大问题。
共同存在的问题	1. 缺乏连贯性的法律法规 2. 缺乏明确的发展思路 3. 缺乏足够的高级人才 4. 缺乏足够的投资工具 5. 缺乏相关的专业化机构	

标准化的权益设计

特殊资产市场没有任何标准化权益的先例作为指引，基金管理人尝试要通过基金化的形式来运作并管理，将其权益标准化。所以说基金管理的过程，也是努力实现其权益标准化的过程。

多种权益结构结合

特殊机会基金权益包括股权、债权、优先分配权等，基金管理人需要通过基金管理结构实现有序的财务安排。

合规与监管

整个金融市场由 4 个字组成：监管、规则。对一只特殊机会基金而言也是如此。因此，基金管理人主要的工作内容就是建立基金操作章程，完善基金监管体系。基金章程和监管体系是基金策划核心中的核心。

基金的外部合作

1. 先确定该基金的领投资金，即承担风险的资金，同时要考虑该杠杆率以及分级资金背后担负的业务层面的责任。

2. 从业务合作上来讲，基金的业务运作主体应该深度拓展：在延长产业链的同时，优化产业链当中的各个合作端。因为，任何基金发展到最后都是顶级机构之间的合作，优化产业链，在精细化的同时逐渐固化合作机制，绑定最核心的上下游合伙人，在规划建立的同时往更深层次延伸。

3. 基金的横向联合构建。产业基金、行业基金都是特殊机会基金的合作方向：第一，跟上市公司和一些致力于该领域的机构合作，比如关注专门运营工业地产的运营商，跟它们合作工业地产类不良项目；第二，专门关注经济周期当中的某一行业，如制造、运输、农业加工，在行业当中纵深发展。从长期来看，很难有一家公司在多个行业中都很杰出，一开始就选对行业对基金的长期发展很重要。

4. 自营业务。整个基金业务均有基金出资并且自己处置清收，其中必然基于自己的自营清收处置的优势，那么也可以将这些优势转化为投行业务，同时给其他关联机构提供咨询服务；还包括资金和资产的撮合业务，在扩大自营业务范围的同时，扩大基金管理人或者资产管理人的收益来源。

资金业务

1. 特殊机会基金要考虑资金的转换率。首先要考虑资金的配资，基金头寸当中应当有合理的配资比例，同时考虑合理的配资成本、合理的配资机构以及在配资过程中进行转换的可能性。

2. 关于基金的流动性错配。前文已述，此处不再重复。

3. 交易结构的设计依然要考虑两个关键要素：第一是风险，第二是收益。除了这两个要素之外，对于结构当中其他的部分考虑都没有太大的意义。

4. 推动处置团队参与资金业务，获得更多利润分配可能。特殊机会基金的运作模式通常是由基金出资购买资产，并聘请服务团队负责处置。但是如果基金服务团队没有资金回收压力或者鲜明的激励机制的话，对于资产的处置效率以及处置质量均无法达到资产管理人或者基金管理人所预期的目标。再加上处置团队没有提供资金参与资产获得，即使当通过积极的资产处置手段使投资获得超高收益时，处置团队也较少能参与最终利润分配。从这个角度分析，未来特殊基金管理人可以在基金份额中特别考虑处置团队的早期介入及特别分配权，以增强特殊机会基金的高质量运作。

5. 境外资金以及通道的解决。当前全球市场的资产收益率均呈现偏低趋势，中国作为一个新兴市场，资产投资机会较全球资产投资平均收益率更高，诸多境外资金对参与中国的不良资产市场呈现出浓厚的兴趣。如果能更有效地化解结汇、换汇的风险，那么将会有更多的海外资金进入中国的不良资产市场。

特殊机会基金的运作趋势

特殊机会基金的未来主要有以下几个关键趋势。

投行化升级

我们在之前的章节已经强调处置清收利润的空间可能已越来越小，未来基金方向可能会更多地侧重于并购重组等投行业务，包括介入一级市场或一级半市场，或者一二级市场联动，主要业务包括兼并收购、资金管理、项目融资、夹层投资、信贷资产证券化等。

分级资金管理

特殊机会基金应该把所管理的资金的业务运作模块化，把资金按不同的级别建立不同的管理模块和标准，在标准化的过程当中，寻求与各级别风险偏好不同的金融机构的合作机会。

部分管理外包合作

特殊机会基金管理构成就是内部协作和与外部机构合作。特殊机会基金诸多的业务管理并不是由基金管理全部担任，而是整个产业链条的参与者都有可能加入管理，区别只是介入层次的深浅而已。

管理标准统一

所有的基金管理都是为了实现基金目标——退出。从退出的角度看待基金管理，包括推动司法进度、设计投行化的解决办法、设计并购重组方案等业务操作，核心管理人都应该将其形成标准，实现体系化。在一个新兴市场中，基金管理机构早期发展源于业务来源，但持续的发展则是公司的管理，要建立更符合管理的章程和制度体系。章程和制度体系有其复杂性，既要满足自己的业务特征，又要考虑其他机构的不可复制程度。

退出渠道投前设计

特殊机会基金退出渠道多元化，本质是处置方式的不同设计。基金管理人应该主动寻求更多的退出渠道。建立退出渠道的合作者可能包括上市公司、司法系统、律师事务所、投资银行，甚至最终的买家，比如地产开发企业。

很多国际稳健型投资基金，在进入中国的前一两年并不急于开展业务，它们的前期准备主要放在制造机会寻找、退出渠道建设等方面。对于基金管理人而言，只有知道怎么结束，才能考虑怎么开始。

现在国内很多的早期市场参与者较为普遍的运作模式是，先介入资产买入操作，然后随机考虑退出方法。这就是专业和非专业的区别，也是稳健和激进的区别。

基金的常规业务体系

一只典型的特殊机会基金的业务体系通常由不良资产债权收购、债转股、基于困境的房地产整合以及特殊机会投资等几个业务板块构成。

不良资产债权收购：参与竞标、竞拍、摘牌或协议收购等方式收购债权资产，通过处置或重组手段进行经营，从而获得现金收益或有经营价值的资产。

债转股：通过债转股、以股抵债、追加投资等方式获得股权资产，先改善企业经营提升资产价值，再凭借资产置换、并购、重组和上市等方式退出，赚取股权溢价。

困境房地产整合：重组、投资和开发在不良资产经营管理过程中获得的优质房地产项目资源，实现资产增值获利。

特殊机遇投资：通过债权、股权、夹层资本等方式对在不良资产经营过程中发现的、存在价值提升空间的资产和存在短期流动性问题的企业进行投资，然后改善企业资本结构、管理水平及经营状况，最终实现退出并获得增值收益。

特殊机会基金对不良债权的收购步骤

以房地产收购为例，其步骤和流程如下：

第一步，信息收集，建立信息渠道，定期更新了解一级市场的资产价格；

第二步，尽职调查，具体请查阅前文相关内容；

第三步，资产估值，基金管理人建立估值体系或是借用第三方服务商的专业服务；

第四步，收购报价，通过对现金以及投资回报的测算，配合处置周期以及市场竞争情况进行方案拟定；

第五步，收购后处置，具体请查阅前文相关内容。

特殊机会基金对不良债权收购及房地产整合

以某特殊机会基金募集说明书为例。

基金收购的标准和整合：专注于具有低风险、高流动性特征的固定资产类抵押物。主要包括一二线城市、省会城市、重点城市、经济发达地区的住宅及核心商圈的商业地产等。

基金投资重点：对于流动性高、价格稳定以及权属清晰的地产进行重组、投资和联合开发，延长不良资产价值链、实现相关资产增值获利，提升不良资产价值。

特殊机会基金对债转股及特殊机遇投资

在银行潜在不良（非已形成的不良）中，有一部分具有明显的正周期特征的企业。通常为各自行业的领先企业，拥有技术、生产能力、资源等竞争优势，业务链条完整、产业链成熟、市场影响力大，受宏观经济、行业周期等因素影响，出现流动性问题，未来资产升值空间较大。其处置方式通常有整合出售和整合上市两种典型方案：整合出售主要是特殊机会基金折价获得银行债券或间接债权，通过与上市公司换股或现金对价的形式售出资产，上市公司再通过行业整合或企业重组等形式对该资产进行整合；整合上市则是通过对债转股企业进行清理改制或与行业中其他领先优势企业进行重组，进而推动该企业上市。

对于部分资产存在价值提升空间、短期流动性等问题的企业，特殊机会基金可以通过债务重组、资产重组、业务重组、管理重组等方式改善其资本结构、管理水平及经营状况，实现增值收益并退出，贷款行的不良问题也可以得到解决。特殊机会基金与国内股权投资基金、夹层投资基金、大型国企财务投资集团、证券公司合作，可以进一步为企业提供更加复杂的金融服务。

特殊机会基金对赢利模式设计与投资模式的研究

特殊机会基金对投资及赢利模式的研究设计，是为了避免在对市场缺乏分析的前提下进行随机的投资行为。对投资及赢利模式的分析、建立及提出有效的规避风险和应变方案，是投资基金管理人的核心工作之一。因为模式的设计不是针对某一个，而是针对整个基金的全程运作，所以赢利模式的设计是基金管理的核心。

基金投资模式的研究内容主要包括：

- 目标资产市场的状况、问题和趋势；
- 目标资产市场构成和市场变化的重要因素；
- 目标资产市场形成的历史；
- 目标资产市场增值机会及增值点；
- 目标市场与宏观市场的关联和敏感因素；
- 目标市场的客户现状、构成、变化及趋势分析。

以上研究将决定基金收益来源的稳定性，包括折价买入后以估值修复为主的收益，潜在的当期收益（如利息、租金等）、运营增值、资产升值、退出收益，每一个环节之间均有相关性。但最终的投资决策判断还将取决于以下方面：

- 该笔投资潜在回报是否足够大？
- 基金有多少规避风险的策略以及防火墙？
- 基金有没有严格的投资章程，并依据章程中的投资原则进行投资？
- 基金是否考虑有足够的风险溢价？
- 基金估值相对各种对应标准是否处于合理水平或者更低一些？
- 整体交易结构以及交易步骤对基金是否公平？

- 还有哪些因素和策略能帮助基金寻求更广泛的投资机会？
- 管理人是基于乐观还是基于自信做出的投资决定？

运气可能会带来极个别的高收益机会，但如果希望整个基金系统运转下去，则需要依靠“敏锐的眼光”。这个眼光不仅仅依靠个人经验，更多的是依靠经过基金管理人检测的系统或工具来最终实现。

特殊机会基金对投资风险的控制

特殊机会基金应该依照监管机构要求，构建较为完备的业务流程管理系统及风险管理体系，通过细致扎实的尽职调查、灵活的交易结构设计以及严格的项目风险管控，有效控制风险。

风险识别：基金管理人以业务部门作为风险管理的第一道防线，负责在业务开展过程中识别风险，遵守并落实风险管理政策、制度，承担风险识别和风险控制的第一责任。

风险管理：基金管理人通过制定细化的客户标准、产品标准等，识别业务开展中的风险，并负责对风险缓释的合法性及有效性进行管理。

全程管控：基金管理人全程跟踪业务风险变化，及时沟通以达到信息对称、降低过程风险的目标。

基金管理人制定并严格执行相关制度规范、进行流程管控、明确职责划分，在项目前、中、后期均能够对可能产生的风险进行识别、计量、监测和管控。风险控制体系一定是基于政策和行业法规，首先要从法律和合规的角度上形成风控，其次就是从自身的安全角度上形成风控。

对于信用类资产的投资主要在于全业务流程的信用风险控制，包括严密的立项审查制度、无死角的尽职调查体系、完善的业务审查流程、投前投后的全程管理以及随时启用资产保全手段等。

对于重组类的风险控制要点则主要体现在合理的交易结构设计、对于资产的控制力尽可能集中、设置抵押物对冲风险以及多种评估框定抵押和质押等措施上。

特殊机会基金管理章程

基金管理章程在国际上许多规范的基金管理公司中是不可缺少的契约性文件，是关系到基金投资、基金管理及清算等各方面内容的相当广泛的文件。

管理章程是基金管理公司的法律。基金管理公司应在一个章程的指引下运作。这样可以克服管理团队、管理公司可能出现的投资随意性；同时也有利于用一些具体尺度来衡量管理团队和基金运作过程中的合法性、合理性及运作质量。

基金管理章程是一个投资基金的法规性文件，主要涉及基金运营、管理的规则；基金管理团队内部的作业程序；决策程序；项目的立项、发起、终结程序；投资方向、投资阶段、投资条件；合作双方大量的契约条款：信息披露、责任权利、对角色的解释，以及投资基金业绩发生重大改变、资产结构发生重大改变或其他社会因素对投资基金造成重大影响时，双方的工作关系和操作程序。管理章程还包括基金的募集、使用、使用过程中的监督、清算、将在怎样的框架下进行、依据怎样的条款进行运作和实施。投资基金管理章程是一份与投资回报研究报告和收益模式研究报告同等重要的专业文件。

目前，国内大多数投资基金没有专业的规范化的投资管理章程，投资管理章程多以一些简单的交易结构和内部的公司业务操守来替代。所以，无论是投资机构还是管理机构，或是投资市场项目拥有人，都围绕着一个不规范、不全面、不专业的管理模式在运营。

基金章程中还应该包括限制性条款，涉及以下内容。

- 限制基金管理人行为的条款，如限制管理人出售其在基金中的投资份额以避免管理人丧失管理基金的内在动力。限制管理人募集新的基金以防止管理人的精力和时间过分分散，以及对管理人个人资金注入企业的限制、对管理人和本合伙企业或关联人之间的交易进行限制等。
- 对投资类型加以限制的条款。根据基金的投资定位和风险偏好，可以在合伙协议中列明基金限制投资的领域，为减少运营风险，限制向其他人提供贷款或从事担保业务，限制进行承担无限连带责任的对外投资等。
- 基金管理中的限制性条款。如对单一企业投资规模的限制，防止基金管理人将资金集中投向少数几个项目；加入承诺注资条款，在投资项目执行中按具体的投资阶段将资金分批注入，减少一次性投资的风险。

特殊机会基金募集说明书

特殊机会基金的本质是连接资本市场与特殊资产市场间规范化、标准化的运作平台。因此，为了让投资者有更好的辨识度和理解力，基金管理人需要制作规范的专业说明书，来阐述基金的特征、管理团队思想、投资回报模式、相关风险控制、投资标的物等关键要素。

基金募集说明书是绝大多数投资基金组建的核心专业文件之一。募集说明书是法律文件，它所描述的条款即为承诺。在募集说明书生效后，任何的条款改变或在实际运作中无法实现募集说明书承诺的情况，都会使基金管理团队面临法律问题。募集说明书是合同的附件，由于潜在的客户是根据募集说明书来最终确定认购的法律程序，所以在募集说明书的制作中，不可有任何虚假、不落实、不切实的内容和条款，以及明显的暗示。

特殊机会基金法律说明书

对于特殊机会基金的设立来说，法律说明书是一份极为重要的支持性报告。尤其是在特殊机会基金设立的方案、募集说明书及投资基金管理章程的指定中，将会涉及许多法律问题，需要专门的律师进行分析、说明。从根本上说，法律说明书需要证明基金管理团队向潜在客户发出的各种专业文件符合法律法规。在一些条款上可做一些法律的解释和说明。法律说明书可作为特殊机会基金策划、设立的基本文件之一，在大多数场合下，法律说明书是与募集说明书共同使用的。

基金管理公司内部文件

管理公司或管理团队内部需要制作一系列决策、议事、讨论、监督和业务实施的规则。这些规则是使公司内部保持良好运营效率、良好指令和纠错系统，以及良好的项目操作系统的重要文件。

专业文件制作要点

专业文件的制作过程是一个科学的分析和研究的过程，是一个高度专业化和以管理团队为中心的诸多专业机构共同参与的过程。因此，任何专业文件制作均要有一个完整的构思和制作步骤的设计，尤其要考虑为数不多的已知因素和大量的未知因素，其中必须包括统计学、财务精算、资金杠杆的使用、退出机制、避险机制，以及符合政策和监管的合规因素等。

在专业文件的制作过程中，要避免以下一些“走捷径”的错误。

1. 文件的复制粘贴。许多基金管理人为了迅速展开项目的进度，往往在专业文件制作上采取走捷径的方法，即以其他的同类基金的某些专业文件作为范本，全面引用和照搬其中重要的分析和条款。但事实上，特殊机会基金的管理是一项针对性很强，有着特定投资和赢利模式的管理，这些模式是与公司管理方式和投资理念相关联的资本运作形式，无法通过照搬而达到基金有效的运营目的。另外，照搬和复制也代表着文件制作的不规范、不具体。在基金运营和管理过程中将会遇到许多不可预见的问题，因为，如果不是基金管理人独立思考形成的个性化的操作，以及个性化的解决方案，一切的管理行为将变得随机且充满不确定性。

2. 缺少详细的分析和研究，尤其是数据的支撑。在许多基金研究及路演材料中，基金管理人对投资模式、投资目标、投资策略的分析和研究流于表面，并没有对所要展开的业务有全面而精细的分析认识。通常，这些认识只能从表面的意义上理解，而对精细化的财务模型、避险策略、运行的稳定性、指标的选择与修正、成本的精算等问题，却大都没有涉及，且缺乏深入的研究，使材料的许多内容不能连贯，更不能有逻辑性的阐述和解释。而所有运作逻辑的基础，必须是精确的数据，以及这些数据之间密不可分的关联关系。

3. 针对性差。大多数资产或者基金推介文件，往往针对性较差。制作者事先并未认真地思考一些基础的问题：这份文件是做给谁的？阅读者的需求以及理解能力如何？无论何种投资机构，很少有所谓的全能投资机构，因此，在策划和设立阶段要明确了解文件是做给哪一类公司的，它们的经验、理解能力、意图、目标、方向、团队构成、投资周期、策略以及外部协作机构为何。这些都需要有针对性地提出建设性的意见以及辅助数据。

4. 操作性不强。目前市场中的资产基金推介文件普遍缺乏高质量、高水平的专业研究，因此，报告虽具有大致的要点和指引，却缺少操作性。由于报告的各因素的连接、商务程序都缺少认真的分析和考量，因此也无法给出相应的对策。

一个好的资产推介报告和基金推介材料，最复杂和最有价值的部分应是数据的支撑。同时，对后期操作会带来影响的各个要素的客观展示，方便会计、评估、律师以及项目管理人的评价基础，都是需要认真分析的内容。

特殊机会基金的融资成本

特殊机会基金的设立、规则制定、策略制定和投资目标的选择是基金运营的第一阶段。这一阶段不可避免地要发生许多专业费用。一般来说，基金管理团队往往从年度管理费以及后端利润的分成中取得主要收益。而基金投资者以支付管理费的形式，购买专业团队的专业服务。

目前大多数特殊机会基金管理公司中，在基金设立前制作关于投资模式、管理模式和管理系统的详细完整方案的机构仅占少数。大多数此类投资基金在实施基金的运营、管理时带有较大的随机性。这种状况将影响到市场上理性投资机构对它的看法和判断，也会影响到其他投资基金与其合作的意愿。所以，一个特殊机会投资基金募集是否成功、运营是否成功，主要取决于前期策划方案的质量，所谓“工欲善其事，必先利其器”，我们的看法是，慢就是快，足够的准备才能走得更远、走得更好。

成功完成一项投资基金的前期策划，需要许多专业机构的参与。这些专业机构的费用可以通过两个途径来支付：（1）由基金的投资者承担全部的费用；（2）基金管理团队先进行管理公司的融资，再由管理公司来支付相关的费用。

特殊机会基金前期策划可能发生的费用成本如下所示。

- 投行费用：由资深而经验全面的投资银行家作为总体策划，同时邀请多个行业分析师和财税专家共同参与。
- 律师费用：在提供法律法规的咨询和解读的同时，提供有价值的法律说明书和法律建议书。
- 会计审计：基金涉及资产的重组、剥离或非现金资产的注入，需要专业会计师事务所的审计报告说明。
- 第三方募集机构：主要负责目标客户的寻找、风险揭示说明、协助路演以及要点解释。

- 商务费用：办公、旅行、通讯、商务会议等各方面的商务费用。

第四节　特殊机会基金的投资

前文已经介绍过，特殊机会基金的投资领域非常多元且策略也很多样化，但国内大多数的特殊机会基金关注领域基本上还集中在商业银行的金融类不良资产领域，只有少部分基金管理人开始关注非金融类不良资产的投资机会。本节分别就金融类不良资产和非金融类不良资产的投资策略，以及通过我所参与的一些个案，对特殊机会基金的投资做一些简要分享，仅为起到抛砖引玉的作用。不良资产市场上的每一笔违约都是独特的，每一个破产因素也都是独特的，每一个不良资产的处置方案也都是个性化的，因此才有所谓“特殊机会”一说。

先简要讨论商业银行的金融类不良资产市场投资。国内的金融类不良资产，只可以由持牌的资产管理公司打包收购，一级市场的不良资产处置，几乎是几个挂牌机构之间的合作，这些合作未必会以赢利为目的，但极其庞大的金融类债权，当前依然是由银行和资产管理公司持有。

特殊机会基金最直接的投资策略是与持牌资产管理公司合作，通过基金的结构化安排，有效连接不良资产投资的社会投资者，实现金融系统风险的分散疏导。同时，也可以考虑以基金对接ABS（资产担保证券）实现实质证券化，进而对不良资产投资进行处置，有效降低不良率，以及减少资本占用。还可以考虑以基金作为债转股的股份持有人，通过基金管理人的专业技能与经验，管理所持股份，并在适当时机通过对基金份额的转让实现退出。而对于有投资银行团队背景的基金而言，还可通过筛选价值被低估的单个投资标的，对其进行投行化运作，获取高额投资回报或实现战略目的。

与持牌机构合作特殊机会基金

特殊机会基金管理公司作为非持牌投资人，提供劣后级收购资金，服务机构提供尽职调查、评估、催收等服务。

这样做的优点如下：

- 受到资本充足率约束的资产管理公司收购不良包的资金占用有所降低；
- 通过结构化安排，作为优先级投资人的安全边际提高；
- 服务机构充分参与其中，二级市场非持牌投资人的收购成本也有所降低，投资主动性增强（参见图 4.1）。

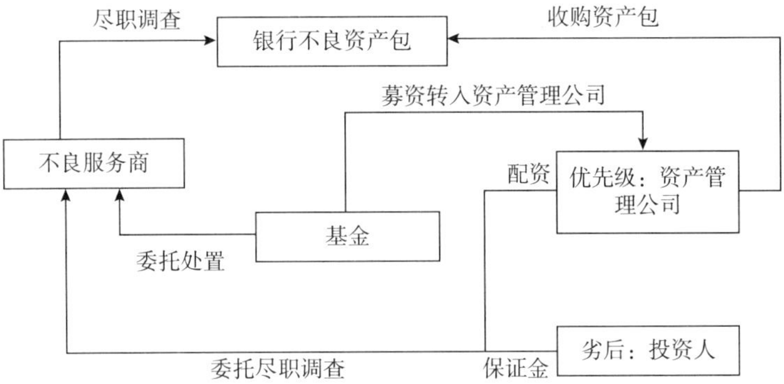

图 4.1　与资产管理公司合作的特殊机会基金的典型结构

买断类型基金

1. 商业银行将资产包向资产管理公司打折出售，资产管理公司收购资产包，然后转让给特殊机会基金（债权或收益权）。

2. 资产管理公司认购优先级基金，次级基金由基金管理人认购。

3. 次级投资人负责资产包后期处置。

这样做的优势是可以在保证一定利润的情况下，实现不良资产批量消减（参见图 4.2）。

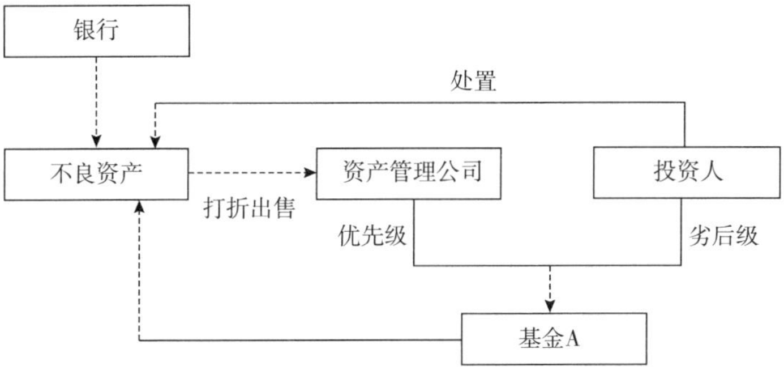

图 4.2 买断类基金的典型交易结构

特殊机会产业基金

特殊机会基金管理人联合产业龙头，透过购买并购“便宜货”迅速扩张或做大资产，有产业基金特征的特殊机会基金通过后续重组运作，实现资产升值的同时，也能够以较低成本进入目标市场或行业。具有一定规模的地产开发商是这类基金模式的主要合作者，甚至是此类基金的主导者（参见图 4.3）。

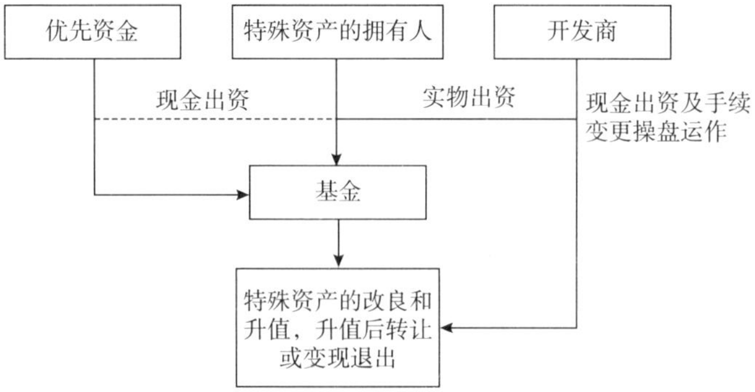

图 4.3　特殊机会产业基金的典型交易结构

并购基金

在特殊资产投资领域，股权投资和债权投资之间并没有严格的界限，很多时候，投资于不良贷款就是为了在破产清算中以低价获取标的资产的所有权，而不良贷款的投资收益也主要来自债务重组后的贷款升值部分。

特殊机会基金对此类业务的运作方式是找到“陷入困境或被严重低估的资产或短期财务困境资产”，分析其内在可利用价值，剥离掉没有价值和危险的部分，重新加工和包装，装入一些时下市场偏好的资产，再打包，上市，获利了结。而市场机会就存在于价值发生突然变化，且之前并没有被人们普遍关注的、投资者不易了解其内部所发生的潜在变化的目标公司。

目前已经有部分上市公司开始直接参与持牌的资产管理公司的运作并设立特殊机会基金，通过一级和二级市场联动，上市公司参股资产管理公司有着非常积极的意义。

1. 增厚上市公司资本净收益。上市公司的正常年化收益率为7%，而持牌资产管理公司的资本年化净收益率为20%～24%，两者合作会产生更强劲的增长效益。

2. 上市公司与资产管理公司业务产生协同效应。资产管理公司有更大的通道，其本身就有广泛收购资产的渠道与优势资源，而上市公司可以为其提供资金，并且可以在产业投资中定向为上市公司本身选择可以关联的资产。

3. 上市公司可以持续并购重组概念，资产管理公司可以定向为上市公司寻求关联资产，两者的合作可以得到持续的并购重组机会。

重整基金

每一个重整基金都是特殊机会基金管理人的独立案例。重整是未来不良资产市场的一个重要机会所在，以下是我和合作机构参与设计策划的几个重整策划案例。

案例一：破产清算管理人联合开发管理处置

项目背景

江苏苏州商圈某高端楼盘的投资商资金链断裂。2014 年 10 月 15 日，债权人申请楼盘进入破产程序。次年 9 月，接手的基金管理人团队和施工队伍将烂尾楼剩余 20% 的工程完成，实现价值最大化。

处置方案

该项目中 12.7 万平方米的普通住宅部分的处置方案为：2015 年年底某海外特殊机会基金管理人团队以双 GP（普通合伙人）形式与政府引入资金共同组建续建基金，由基金管理人团队全权负责续建管理。截至 2016 年 5 月底，已经全部预售 80%，经过重整计划，相比普通的整体转让项目等操作办法，续建重整的该楼盘实现了财产价值4~5倍的提升，扣除续建工程费、税费、退房还款等费用，基金预期收益50%。

该项目6.7万平方米商业部分（含商住办公及商铺）的处置方案为：基于该部分工程已经完工，基金管理人直接引入资产经营管理专业机构，进行经营管理后分别进行资产转让。交易结构的设计目标为，将具有独立产权的物业分别计入不同项目公司管理，上设控股公司，为未来以股权出让方式合理避税，而境内外的控股设计，则为了便于海外基金的境外交易（参见图4.4）。

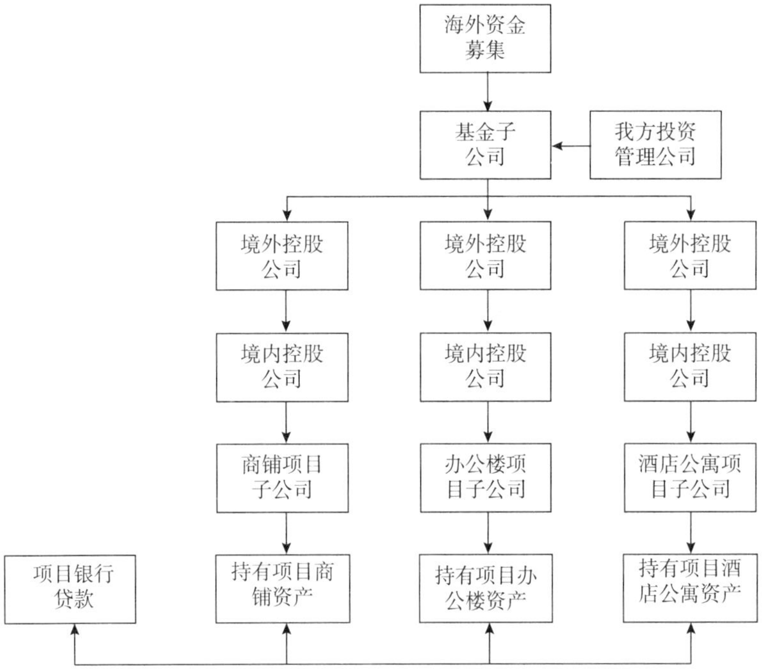

图4.4 续建基金交易结构

案例二：某飞机制造国企通过基金出表后重整

项目背景

某股份制飞机制造集团接受西北某物流公司客户的定制项目，定做了价值1.2亿元的小型飞机。首付3 000万元，第二次付款4 000万元。金融危机爆发后，该客户无力支付后续尾款，但飞机已经制造完成，暂时无法寻求其他买家，成了该飞机制造企业的一笔问题资产。该飞机制造企业试图通过基金公司寻求处置意见。

处置方案

我方投资管理公司作为GP，飞机制造企业作为唯一LP（有限合伙人），价值1.2亿元的飞机原值算作LP出资，出资算固定资产。在基金管理结构中，资产管理公司反委托飞机制造企业将飞机出租。

有限合伙企业由GP认缴出资51%控股；飞机制造企业以飞机作为固定资产出资（视同销售，无须冲回之前已经确认的收入，避免对企业的业绩产生不利影响），出租的收益作为基金的收入，成本为飞机固定资产计提的折旧；待经济转好有新的客户购买该飞机后，基金成功退出。

在该有限合伙企业的投资结构中，LP并不控股，所以在其合并报表中，此项投资以成本法入账，即以1.2亿元显示为对该基金的长期股权投资。

关于增值税，一般纳税人在2009年1月1日以后购进的固定资产其进项税已申报抵扣的，出售时按17%的税率征收增值税。计算公式为：应缴增值税＝售价×17%。因此在不考虑印花税等小税种的前提下，案例中的做法不会产生额外的税负。

案例三：某国企资产通过基金出表后完成企业经营改良

项目背景

枫叶集团系地方国企50强企业，原主营业务为教育，后在上海市近郊投资8 000万元的华光康体中心，枫叶集团持有该康体中心80%的股权，当地企业参与了该康体中心20%的股权。整个项目投资建设共计8年的时间，截至2016年11月30日，华光康体中心资产总额11 600万元，负债合计7 500万元。华光康体中心在评估基准日2016年11月30日的总资产账面价值为11 000万元，评估价值15 000万元；负债账面价值8 000万元，评估价值7 890.81万元；净资产账面价值3 720万元，评估价值8 130万元；增值额4 398万元，增值率117.84%。

基于康体行业整体消费市场走低、设备严重老化、地理区位不具备优势、营销队伍薄弱、软件服务水平落后、广告宣传费用不足、土地使用权存在风险、地热采矿权面临到期、利润总额下降等因素，枫叶集团要求将华光康体中心剥离其主营业务，委托我方资产管理公司对其进行处置。

我方资产管理公司联合了上海含德基金管理有限公司，对整个项目进行了方案设计。

处置方案一

管理公司：合作双方以××资产管理公司作为管理公司合作平台，合作方均不实际出资，经营费用由资产管理公司筹集，聘请行业专家作为投资顾问参与专业处置。

设立华光基金：基金资产由GP（我方作为管理人认缴）高于51%，及枫叶集团以不良资产实物出资低于49%组成。

基金目标：实现国企不良资产出表，并通过改良管理层、并购重组、反委托经营等手段化解该不良资产。

该基金收益：不良资产管理费年化 2%，且约定超额收益的 20% 作为管理人业绩激励。

风险控制：以资产委托人对资产的实际定价为基准，如实现赢利可回表，若不能短期形成流动性，可持续以基金资产存续。

方案优点：决策简便、充分使用外部专业资源进行投行化手术，处置方式多样化。

方案缺点：规模受限制，且管理难度较大，管理人隐性成本较高，专业能力较难获得充分发挥。

处置方案二

管理公司：合作双方以 × ×资产管理公司作为管理公司合作平台，资产持有人认可方案提交人的管理能力，分阶段出资 1 000 万 ~2 000 万元作为前置管理费（或作为股权投资），专项管理资产持有人的不良资产，公司同时聘请行业专业人员作为投资顾问，参与专业处置。

设立华光基金：基金资产由 GP（我方作为管理人认缴）高于 51%，及枫叶集团不良资产实物出资不高于 49% 组成。

基金目标：实现国企不良资产出表，并通过改良管理层、并购重组、反委托经营等手段化解不良。

基金收益：不良资产管理费年化 2%，且约定超额收益的 20% 作为管理人业绩激励。

风险控制：以资产委托人对资产的实际定价为基准，如实现赢利可回表，若不能短期形成流动性，可持续出表。

方案优点：管理费用相对充裕，处置方案多样化，规模较前述方案有所增加。

方案缺点：组建决策难度增加，管理效率降低。

处置方案三

管理公司：合作双方以××资产管理公司作为管理公司合作平台，合作双方共同出资组建管理公司，管理公司注册资本可约定为5 000万~10 000万元，投资比例由双方协商，可认缴10%。

设立华光基金：基金规模可定为50亿元，其中，劣后资金由管理公司提供，中间级资金公开募集或由集团公司提供，优先资金向商业银行募集。

基金目标：实现国企不良资产出表，并通过市场化运作，参与竞标、竞拍、摘牌或协议收购等方式收购债权资产，通过处置或重组手段进行经营，从而获得现金收益或有经营价值的资产。

基金收益：不良资产管理费年化2%，且约定超额收益的20%作为管理人业绩激励。

风险控制：通过制定细化的客户标准、产品标准等，识别业务开展中的风险，并负责对风险缓释的合法性及有效性进行管理。

方案优点：完全市场化运作，一方面解决枫叶集团的不良资产处置问题，另一方面通过基金赢利，弥补持有不良资产所需费用的压力，在国企资产管理中起到示范效应，使品牌得以有效发挥，并产生联动效果，优化集团资产质量，同时基金管理规模可短期内迅速扩大。

方案缺点：各环节决策难度大，市场化行为可能会带来经营风险。

以上方案各有利弊，本案最终执行基于商业的保密协议，我们在本书中不做具体介绍。经过数轮商业谈判和沟通后，结合以上方案的利弊并在双方决策机构内部的多次讨论后，目前该项目正在执行中。

当前，大型国有企业和地方龙头企业剥离非主营资产意愿强烈，诸多此类企业并不能称为不良资产，而应该划分到问题资产或特殊资产的类别中。上述案例的操作就具体案例分析可以有更多延展性，能对部分特殊机会基金的具体处置操作提供启发。上述操作为央企、国企带来的好处如下所述：

- 有助于提升企业加强专项资产管理的放射力和影响力；
- 有助于通过高度专业化的投资银行平台加强与资本市场的联系；
- 有助于通过投资银行的示范效应，创造新理念、新方法；
- 有助于吸引顶级的国际专业人才，为国企的经济带来新的推动力；
- 有助于建立新型的专业团队和管理体制，也等于建立了国际资本流向该领域的规范性渠道；
- 有助于借助投行基金，对国企的优势资源进行系统整合，增加企业的竞争力、赢利能力和规避风险的能力；
- 有助于促进当地与各地政商资源的合作。

第五节　特殊机会基金的精细化管理

基金的思想

特殊机会基金作为一个有效的资本运作平台和投资工具，其驱动力、灵魂来自创新。创新，是对资本市场及基金赢利新因素的积极且有效的回应。

市场最典型的特征就是变化。在中国经济体制改革进入“深水区”阶段的经济大环境之下，各行也均处于重新洗牌的阶段，理性地重新认识特殊资产市场不断更新迭代的构成因素，将有助于特殊机会基金赢利模式设计和规范化监督管理体制的建立。

在一只特殊机会基金的成功因素中，如果说“运作模式”大约占两成比例的话，“管理人经验”则毫无疑问要占到七八成的比例。行业专家的组合是任何形式的投资基金最重要的运营资源和运营核心。多数情况下，基金管理公司与专家合作看似会增加一些约束和管理成本，但长期来看，这一定是最廉价与高效的管理形式。

21 世纪是一个思想带领资本前进的时代。对于一个成熟的基金管理公司来说，一个项目的成败已不是发展的核心关键，基金管理人是否具有深刻而富有远见的思想体制，将成为基金管理公司长期成败的决定性因素。基金管理团队能提出一个好的理念，并对这些思想和理念进行不同角度的科学论证，是进行基金策划的最重要的基础。

一只基金的运营体系无论基金管理团队如何策划，均不能保证其在市场上的绝对领先优势，而基金管理人的核心思想则完全可以实现这一目标。

一只有思想的基金的募集过程，并不能简单地借用其他基金的融资框架、融资经验，在许多情况下，无论是对于基金募集的方向还是募集的手段，都需注入基金管理人的思想并进行传递。所谓思想，并非广义的思想，而是渗透在对资产价值、价格、市场心理、行为、人文因素、政策环境、趋势发展等各个方面的认识中，体现出基金管理人对各个敏感因素的合理、领先的思考。基金管理人思想独特以及领先的重要性还表现在：管理人的思想内容将影响到资源整合的角度、方向。如果思想不正确，那么在这种思想方法的误导下，无论多么精心的基金组建策划、多么高效的商务推进，均有可能遭遇严重的失败和产生严重的损失。

- 思想是一个角度；
- 思想需要领先；
- 思想经常代表少数派；
- 独特的思想是取得投资业绩的根本。

很多人认为基金管理人对于投资管理的技术性处理或技术性操作是取得业绩的核心能力，这是一个误区。事实上，基金管理团队所有的运营策略与计划的制定、实施，分析、研究方法，分析工具使用及风险控制方法，均须在一种正确、有效并能够付诸实践的思想体系基础上，才能够有效运作。

特殊机会基金管理团队

基金管理团队是为实现某只投资基金的运营目标而特别组建或打造的专业管理工具。由于每只基金所投资的领域不同，所具有的投资理念不同，投资及收益模式和方案不同，投资章程所规定的条款不同，在组建投资基金管理团队时需要充分考虑上述许多关联因素。每一个基金管理团队的建立都有独特的针对性，在组建特殊机会基金管理团队的过程中，至少需要考虑以下一些重要因素：

- 团队成员理念契合；
- 团队成员共同理解投资模式；
- 团队成员的业务操作符合基金管理章程；
- 团队成员之间的专业能力能够互补。

特殊机会基金的组织架构及管理

特殊机会基金的发起人和管理人应该建设规范的法人治理结构，设立股东会、董事会、投资决策委员会。通常董事会席位是由各有限合伙人共同推举，而投资决策委员会委员由基金管理公司推荐人选担任。有限合伙人共同推举一名观察员并向投资决策委员会委派，观察投资决策及管理的全过程，基金管理公司在项目立项和投资决策前向观察员传递全套待立项和待投决的项目资料。

特殊机会基金委托管理公司进行基金事务的执行，由管理公司负责寻求、分析并判断投资及投资退出机会，同时开展投资尽职调查、设计投资架构、执行投资谈判、执行投后管理等工作。

管理公司投资决策委员会（以下简称“投委会”）每半年向董事会提交定期报告，就报告期内的项目投资决策进行汇报，董事会每年就投委会工作进行评估，并根据评估报告对投委会或其成员进行适时调整。

基金运作中各项投资事务的决策，应由基金及管理公司按照“分级授权原则”相应负责。

特殊机会基金分级授权的决策模式

特殊机会基金按照“分级授权”的原则进行投资决策，股东会均授权董事会为最高决策机构，由管理公司派出委员，构成投委会，基金管理公司和基金股东应划定基金公司董事会、投委会决策权限。

为了提高效率，董事会授权投委会对部分项目进行决策。具体金额通过股东协议、董事会议事规则等进行约定。

决策机制是特殊机会基金内部治理机制中的关键问题之一。进行财务投资的基金应争取对涉及项目投资、退出、对外负债或担保、资本运作、投资策略、收益分配等重大事项的表决权。

投委会为最高决策机构，建议在合伙协议中约定其职能范围、人员组成和决策程序，明确 LP 享有的权利之一是向投委会委派合理人数的委员，投委会对重要事项的表决要求全体委员一致或多数同意方能通过，基金未经决策同意不得对外签署任何投资协议文件。

如基金未设立投委会，LP 可通过合伙协议合理安排表决机制，约定重大事项由合伙人大会全票通过或多数票通过，使 LP 对合伙企业有关事项实质享有“一票否决权”。

特殊机会基金还可以设立咨询委员会（或顾问委员会），其职责是为投资决策提供咨询建议。投资事项在提交投委会表决前应征求咨询委员会的意见，LP 可在合伙协议中明确说明，委员会成员由 LP 委派代表组成，授权 LP 通过这种非正式的咨询建议方式参与风险投资日常管理。

合伙协议中除约定 LP 享有委派委员的权利之外，建议再对 LP 的其他权利进行详细列举，例如对执行事务合伙人执行合伙事务情况进行监督、依法将 LP 在合伙企业中的财产份额出质或转让等。

新的基金管理思考

一直以来，基金管理公司和基金股东之间的管理执行框架是基金章程和投资的入伙协议书，这一类契约执行框架在实践过程中，会有诸多基金管理人触发的道德风险无法规避。主要原因是执行框架当中的人格化成分较大。当前越来越多的基金管理公司和基金股东开始研究探讨通过更为复杂的“积极制约政策”，实现基金管理的“独立的司法非人格化结构”。积极制约政策集中在3个关键的要点，即协作、制约、监管。这3个关键要点的核心思想应该在基金管理文件中有明确的体现，这3个关键要点的强调和实施，将有助于基金管理人、基金股东、外部合作机构在基金运作过程当中更科学地划分业务分工和进行多元化的分配方案实施。复杂但约束力更强的契约，对于非标准化程度极高的特殊机会基金的管理，能起到有效的约束和激励两方面的重要作用。

H. CRS 理论的提出

从特殊机会基金的管理过程来看，协作、制约、监管的突出体现将更有效地支持特殊机会基金运作，因为特殊资产行业的核心一方面是基金管理人对资产评价和估值的能力，另一方面是基金管理人在资产处置过程中深度处理关键内部合伙人以及基金外部合伙人（包括合作的上下游机构）之间的利益关系和责任承担。

2015年开始，我开始尝试建立H. CRS基金监管体系，并在基金管理业务中进行实践。

对冲（Hedge）——特意减低另一项投资的风险的投资。它是一种在降低商业风险的同时，仍然能在投资中获利的手法，这是特殊机会基金的基本避险思想。

协作（Collaboration）——基于交易对手激励政策以及责任承担的协作。

制约（restriction）——基于买方利益的反向限制。

监管（supervision）——基于交易透明度的监管。

清晰、及时、有效的监管协调机制的缺位，是目前国内基金管理行业暴露出来的重大缺陷。包括大型国有金融机构在内，观念陈旧的管理监督体系，并不能起到从根本上防范以及控制系统风险发生的积极作用。

我和业务实践中的合作伙伴从投资者的角度来看待投资管理行为，并进行了一些管理尝试。在实际管理操作中，从业务务实与审慎监管的角度出发，参考2010年英国率先提出的金融监管改革计划和方案中的“监管精神”，确定了有利于“保护投资者利益”的规则，形成了H. CRS监管体系。

协作（C）——基于交易对手激励政策以及责任承担的协作。

基金管理人基于对交易体系有利的标准，与托管机构、投资者代表，以及交易对手形成积极正面的激励关系。协作机制的3个关键目标如下：

- 监控交易系统稳定性，以便识别和评估系统风险；
- 发出预警指示；
- 制作《投资顾问履行职责分析报告》。

协作机制对风险的容忍度更低，并更倾向于采取预防手段而不是坐视损害发生。本机制还意味着更多地使用专业机构进行判断，即用专业知识来判断对投资者的损害是否可能会发生，并基于这种前瞻性分析对交易行为进行相应干预。

制约（R）——基于买方利益的反向限制。

在基金投委会的人员组成上，以包括基金管理人、投资人代表、独立第三方在内的通过跨部门委员会的形式存在和运作，使基金管理人能够拥有评估系统风险、维护交易安全所需要的限制以及必要的一票否决权。投委会有权根据不同情况向作为具体交易指令的管理人发出指示，从而将宏观审慎监管与微观审慎监管有机联系起来。

监管（S）——基于交易透明度的监管。

监管原则包括：

- 以最有效、最经济的方式提供交易数据以供监管；
- 对预期收益的达成提供即时依据；
- 投委会对交易细节做出判断；
- 具体实施人员对合规情况负责；
- 公布信息，以帮助实现各自监管目标；
- 监管机构应当尽可能透明地履行职能。

传统特殊机会基金与采用H. CRS监管体系运作的特殊机会基金的管理区别如表4.1所示。

表4.1　传统监管的基金与采用H. CRS监管体系的基金的管理特征比较

关键点	传统监管	H. CRS监管
实际业务领导人	基金管理人	管理人+投资顾问+专业代表
组织结构	金字塔	矩形
利益冲突	管理人优先	投资人优先
指令下达	管理人下达	投资顾问审核、管理人执行
交易前透明度	无	专业代表及时披露
交易后透明度	定期披露	专业代表及时披露
行政处罚	事后被动	及时主动
内部审计	管理人指定	专业代表聘请第三方
外部审计	管理人指定	基金管理人与专业代表聘请

特殊机会基金的合作机构管理

1. 向合作机构提供业务培训。特殊机会基金管理人应该定期向合作机构提供专业培训，专业培训的目的为：一是培养协作各方共同的价值观，二是产业链条相互之间配合的作业流程，三是通过培训在市场当中获取更多商业机会。

2. 各合作环节明确定价。由基金管理人提出明确定价标准可以提高交易对手及合作机构之间的沟通效率，另外也便于计算基金的运作成本，为基金投资制定较为精确的预算。

3. 合作模型的弹性设计。特殊机会基金的利润变化来自资产的处置方式及处置时间，特殊资产的成因本身就是多元化的，来自外部专业机构的处置方案以及手段均会对基金管理人的决策起到重要影响。且在实际处置过程中，处置团队往往会起到更加主动和积极的作用。因此，尊重合作机构的合作建议，完善合作方案，也是基金管理人的关键工作。

特殊机会基金的利润和分配

特殊机会基金一般会采用有限合伙企业作为特殊目的公司进行运作。《合伙企业法》规定合伙人应按合伙协议的约定足额缴纳出资，允许合伙人不按照出资比例，而按照合伙人之间的约定进行利润分配。同时列明利润分配原则及顺序、利润分配方式、亏损分担原则及顺序、税务承担事项等。

其中，利润分配方式通常分为按基金整体收益分配和按单个投资项目收益分配两种方式。按基金整体收益分配的方式，可明确要求在基金产生净利润且业绩达到优先回报率的情况下，GP 才能参与利润分配。若采用按照单个投资项目收益分配的方式，可以约定回拨机制，要求GP从单个项目的收益中预留部分收益作为保证金，该保证金用于在其他项目亏损时补亏，维护LP收益安全。

特殊机会基金在设计利润分配规则时应充分考虑税负因素。目前有限合伙型基金对“所得税”的处理原则是“先分后税”，合伙企业不纳所得税，由合伙人在分配利润后自行完税。但对“增值税”而言，有限合伙型基金是纳税主体，合伙企业应按照相关要求缴纳增值税。

第五章

场外投资者的态度与投资行为

特殊资产本身常常伴随违约、诉讼等消极因素，因此特殊资产的投资行为和其他主流金融市场中的投资行为模式以及决策因素均有较大不同。对特殊资产投资结果产生关键影响的因素有：投资人对特殊资产市场的理解能力和熟悉程度，投资者的行为模式和对价值与价格的判断能力。

特殊资产行业链条中，资产管理公司扮演的正是场内投资人的角色。大部分场外个人及机构投资者（包括上一章中介绍的特殊机会基金）将透过资产管理公司进入市场，因此属于场外投资者。

随着特殊资产市场化的进程逐步加快，大量场外资金的积极参与导致特殊资产市场的价格近年来呈现出前所未有的大幅波动，理解形成资产波动的因素，对于致力于特殊资产市场深度研究的场外交易者来说能引发他们积极的思考。所以本章的目的在于通过研究分析广泛投资者的投资思维、市场观点、决策模式、投资系统等因素如何对资产价格形成影响，以及在资产价格发生变化时不同类型投资者的典型态度，使场外交易者的投资行为有一个自我检视的依据与参照。

第一节 理解资产市场的投资行为

参照美国经济学家海曼·明斯基（Hyman Minsky）对融资行为的分类——投机性融资、庞氏融资和对冲性融资，投资者的投资行为也对应分为投机和价值投资，投机的本质是交易资产的价格波动，价值投资的本质是交易资产的价值提升。投机的敏感因素在于整体投资环境的变化，价值投资的敏感因素则主要在于买入成本的控制，以及未来价值提升的空间预测，只要买入成本足够低，资产的赢利回报就有较大的概率高于预期。

对于特殊资产市场中的多数投资者来说，投资特殊资产的主要动力还是投机，即尽可能在较短的时间内卖出买入的资产，因此流动性强、变现较为容易的资产是投机者的首要选择。而对于相对稳健的投资者来讲，会趋向于选择价值投资来强化并防御自己的投资组合。较为成熟的特殊资产投资人会把特殊资产的长期投资归类为价值投资，因为这些资产均具备价值被低估、存在打折空间、有变现需求，且周期性强、具备一定流动性等特征。

目前国内较为成熟的资产市场投资机构的基本观点趋同。

- 专注于交易资产价格而非价值，除非持有的是核心资产，比如一线城市中心地带的房产。
- 考虑买入资产的实际变现能力，首先考虑变现，其次考虑买入价格。
- 严格遵守资产交易的4个关键指标：资本资产的价格、当前出手的价格、资产可以实现的和预期的现金流、资产负债表现金流。

对于权益类资产投资决策，拥有现金流是决策的首要条件。

权益类资产的投资决策由三个因素决定：第一个是资产的营利性，第二个是基础产品的市场优势，第三个是经营者的商业活动能力。

一个低负债的运营体系结合稳定的可预期的现金流，决定了资本资产的营利性以及利润的高低，这个体系可以称为现金流机器，其特点为：第一，生产经营利润是固定而非随机的；第二，现金回收有一定的周期性（如水电费、电话费）；第三，变现能力很强（如水、电、煤气的应收款做抵押融资，容易获得较高的融资金额）；第四，如果出现违约，抵押品的偿债能力较强；第五，资产的形式相对而言更便于管理；第六，现金的流动与管理严格受契约的制约。

投资者想在特殊资产市场长期生存，首要要素是对资产质量的识别能力，其次是需要具备对于投资行为的纠错能力、综合的投资规划能力以及独立思考的能力，基于这些基础能力不间断地思考资产市场中当下的现象、困惑和趋势，并做出自己的独立判断。

- 日趋活跃的资产市场是充满机会还是风险加剧？
- 普遍的资本资产的盈利虚假程度是深还是浅？
- 目标企业现金流的稳定性是否可以精算？
- 目标企业的利润到底是如何构成的？
- 资产中介机构的业务导向是利润导向还是客户导向？

- 当下市场中普遍的投资风格是侧重投机波动还是侧重投资价值?

第二节　分析资产价格变化的因素

西方的典型投资分析方法主要源于对过去的回顾和分析。比如西点军校对战术和案例的分析，几乎全部都在讲失败的案例。在基于对过去无数种失败的分析的基础上，得出结果——只要避免这些失败的可能，剩下的就是获胜的机会。因此说西方的分析方法侧重于对过去数据的量化分析。

显然，西方人的投资思想是更加偏重对过往商业行为结果和数字的研究，而东方人的思考方式更偏向于展望未来从而形成投资策略。东方的投资哲学是中庸的，模棱两可的特征明显，很多数据并不能被量化。但从特殊资产管理行业来讲，客观及严密的财务研究、资产价值分析是商业模式的核心基础。

分析报告、尽职调查以及专家意见，成熟的投资者都把它们理解为资讯。资讯能够表达一部分资产的客观事实，但不表达全部事实，无论是一份资产尽职调查报告，还是其他辅助资讯，都反映了某个投资机会存在的可能性。这个可能性能满足投资者的需求目标或者欲望，但是机会存在的可能性很有可能误导投资者的行动，因为它是碎片的，投资者越来越能够发现市场资讯的不足及有限，才对投资行为真正具有指导意义。投资者需要更充足的资讯来辅助投资决策，这些关键的资讯包括以下内容：

- 此类资产的交易量和流动性如何；

- 该笔特殊资产形成的时间；
- 此类型资产的体量在市场中所占的比重如何；
- 其他购买人购买它的目的和卖出它的目的如何；
- 买入者和卖出者基于什么心理因素出价；
- 其他投资者对这个资产的理解程度如何；
- 其他投资者购入此类资产的头寸比例如何；
- 会有何种外部事件推动此类资产的价格发生变化；
- 是否充分考虑到税收的因素。

投资者应当基于对分析报告、尽职调查以及辅助资料的详尽研究，建立有效的分析模式。所有的分析模式都是统计的结果，所谓基础分析，就是通过研究大众投资心理导致推动价格的行为，研究的核心主要是分析多数投资者对于资产价格的变化所表达的内在信念和期望。对于资产交易价格而言，如果集体性情绪带动的买入价格逐步走高，就说明了多数人对资产未来价值增长持乐观态度。

而技术分析则是投资者对于指标、参数、模型等工具的利用，评估工具多数是基于行为模式的重复统计。多数投资者一般会顺势交易，就是典型的后进入者对于之前进入者行为模式的追随，而这种追随行为，则为分析工具提供了连贯的数据来源。

成熟投资者对研究报告进行多维度的分析，对于最终的结果依然会持客观及保守的态度，如同前文所述，若放弃了自己独立的判断，完全依赖于技术分析做投资决定，是一种消极的投资行为。科学的决策认为所有的分析都可能会错，而技术分析只是获得了比较高的获利概率而已。

价格形成的根本因素

资产市场的价格波动因素一方面来自市场需求，另外一方面来自投资者的心理活动。

资产市场的参与者由三类典型的投资者构成。第一类是极端自负的投资者，即乐观主义者，乐观主义者相信未来资产价格必然上涨，因此会选择积极买入，其频繁的买入行为构成了市场的上涨因素。

第二类投资者是悲观主义者，悲观主义者过度依赖投资报告和权威分析，投资行为极为谨慎和保守，任何市场中的利空信息都会促使其做出卖出决定，这类频繁的卖出行为构成了资产市场的下跌因素。

以上两种因素相加形成了市场的价格波动。

在市场当中还有一类成熟专业的投资者，他们在市场当中保持冷静和客观的态度，工作重点在于研究前两类投资者的投资行为模式和投资分析，判断资产价格的变化是基于宏观趋势还是基于投资者情绪的非理性上涨和下跌，从中把握市场波动的规律。他们把投资行为隔离在市场的情绪之外，实现资产价格高位的时候卖出、低位的时候买入的模式化操作。

从成熟的专业投资者的经验可见，通过特殊资产市场获利的条件不仅建立在对基础资产的足够了解上，也建立在对投资心理学的理解上。在具体的操作中，买入资产需要研究大众投资者的情绪与心理，而卖出资产则要同时考虑大众投资者的情绪和投资者本人的心理因素。成熟投资者利用其他投资者的错误赚到的钱往往比靠自己的正确判断来得更多。

特殊资产市场的成熟投资者有着共同的特征，这些特征在长期的投资行为中逐渐由显意识行为转化成潜意识行为。

1. 坚持独立分析，独立判断，坚信资产本身的价值。

2. 当直觉感受资产价值与数据分析判断所得出的资产价格开始偏离的时候，选择果断卖出，尤其是有小幅亏损时。

3. 多回顾资产的历史形成轨迹，多看即时资讯，不断分析资产价格走势及其规律。

4. 理解当下各类意见领袖的观点、言论，以及媒体宣传对投资行为的影响，包括背景因素。

5. 相信直觉。

6. 没有任何分析工具能精确地测算每一个资产的价值，发现错误立即停止，不容忍错误的延续。

7. 建立优质的业务交流行业圈，主动交流观点。

第三节 交易对手

特殊资产市场中所有的卖方都希望资产价格更高，这就意味着买方要付出更多的成本，买的更贵，反之亦然。因此，特殊资产市场是一个非友善的市场，所有投资行为的投资者都要综合考虑市场其他参与者的想法和动机，这个市场中能对资产价格的变化起决定性作用的因素就是：多数投资者的心理变化。

特殊资产的交易市场本质上由两类投资者构成，评论人士称其为少数的资产猎人和大多数的跟随者，这两类投资者往往互为交易对手关系。

猎人是特殊资产市场中真正的行动者，对市场永远充满怀疑态度。猎人理解并警惕市场的不确定性渗透在交易的每个环节之中，特殊资产的管理与处置不太容易形成标准化的理论，很多交易时机靠猎人的直觉判断。

猎人往往认为自己不能完全看懂市场，所以才致力于建立投资规则与投资系统，规则是猎人真正的投资秘籍，有效的投资规则和投资系统是一个通过不断地完善、纠错后锻造成的自用工具，工具加上独立判断和思考是猎人的行动准则。

- 投资者在市场中寻找最高的卖价和最低的买价这个行为既困难又很低效。
- 投资行为不能过分依赖滞后和已经碎片化的数据。因为这些数据能给投资决策者带来的信号，就如同盲人摸象一般片面。它展示的只是市场的一角或者整个真实资讯当中的一些碎片而已。
- 投资行为必须要建立防火墙，规避风险永远是获利的前提。
- 获利的时候很保守，但是面临亏损的时候却去选择冒险，这恰恰正是市场中多数人的思想。
- 在解读交易利润来源的同时，更应该去解读市场中可能发生的错误。
- 猎人应深刻理解，投资者没有办法去关注市场的全部，而是只能看到局部的市场，或者只能看到视线范围内的局部碎片市场。
- 资产市场是由人构成的，并不是由价值和资产构成的，价格的变化是由人的心理驱动所导致的。
- 独立思考要讲究逻辑。一定要超越自我模式和心理障碍。

基于对上述行动准则的理解和执行方式的不同，特殊资产市场上多数追随者和少数的猎人呈现出两极分化的状态，同样的投资者角色，最后却分化成了交易对手的关系。

从研究的角度来看，资产市场的多数追随者热衷于研究市场的各种变化以及价格波动；而猎人更关注于如何建立一套独立的投资规则，并利用这个规则来应对外界的变化。

从对市场的观察深度来看，多数追随者看到的是一个二维的市场，不是资产价格的上涨就是资产价格的下跌，所谓研究也只局限于研究资产上涨和下跌的因素；而猎人已经跳出了二维，扎实研究市场的多维，专注于变化因素以及投资过程管理。

从投资赢利的角度来看，资产市场绝大多数的赢利结果都可能是利用了交易对手的错误行动。多数追随者买入资产的行为单纯是为了等待赢利的结果，但是猎人关心的是获利的概率，猎人知道资产市场投资一定会有输有赢，积极提高投资组合中赢利的概率、适时修正处置方法、优化行动方式才是他们关心的内容。

从分析的角度来讲，多数追随者试图扩大矛盾，他们认为市场当中有各种冲突，这些冲突会随着分析的深入而逐渐扩大，但猎人却在试图消除这些矛盾。多数追随者努力寻求各种的分析工具、评估手段、尽职调查报告、专家评论，而猎人对工具并不追求越多越好，只是专注于工具的精准，并且只把工具当指引，独立的思考方式才是行动的基础。

从对利润的态度来看，多数追随者只关注单次的投资获利，希望通过单次投资迅速积累财富；而猎人把投资资产市场看成是一门生意，其利润来源于持续生意的积累。

从看待成本的角度分析，多数追随者没有成本预算，对于成本完全随机处理；而猎人会把资产买入费用、律师费、购买研究报告列为成本，把投资亏损的部分也理解为成本。猎人将自己定义为积极的输家，主动地接受损失，并积极进入下一次的交易。

关于处置计划，多数追随者通常随机买入，并在买入后制订处置计划；猎人则先明确处置计划，再基于有绝对优势的处置计划寻找资产买入机会。

多数追随者完全不控制风险，并不知道风险会发生在什么地方，发生风险后对风险完全失控；而对猎人而言，风险控制是一切投资的前提，会对防火墙提前分层次建设及管理。

关于结果，多数追随者认为投资结果是可以预测的，即趋势可以预测；但猎人认为每次资产交易都是风险换收益的行为，因此投资决策更关注于对风险的把控而不是单纯对投资结果的预测，猎人更关心当下正在发生的资产价格变化因素。

从单次投资来讲，多数追随者追求利润的最大化，以及最大化的理由；猎人的追求是时间效率，追求安全稳健的退出机制。

关于市场中的角色与定位，多数追随者会把自己视为强者，认为自己是资产市场中的猎人；但猎人却把自己视为交易市场中可能的猎物，永远把自己定位于市场中的弱势角色，因此在交易行为中更多地去关心和考虑风险，以及处于弱势位置的生存之道。

关于研究对象，多数追随者研究的是资产的价值，而猎人研究资产价格的波动。

关于资金投入，多数追随者立足于现金投入，而猎人立足于智力以及经验的投入。

关于流动性，多数追随者只关心资产的价值和价格差，较少关心其流动性；而猎人则关心流动性更高的资产，不追求另类资产交易的高利润可能，对于资产的选择尤其考虑变现因素。

关于资金的利用率，多数追随者资金的利用率低，常常忽略投资周期以及适度的财务杠杆；而猎人必定关注资金的利用率、合理财务杠杆的使用，以及资金的错配方案（参见表 5. 1）。

表 5. 1　资产猎人和多数追随者的思考方式差异

思考要点	初级参与者	猎人
思考因素	多数追随者	猎人
研究	变化	规则对应变化★
市场	二维	三维
盈利	结果	概率和行动★
分析 分析 2	扩大矛盾 三只手表	消除矛盾 一只手表 ★
利润	单次投资	生意积累
成本	无预算	积极的输家★
计划	随机、无计划	预谋、有规则★
风险	完全不控制	可控★
未来	可以预测	风险换收益★
单手	最大化	平衡★
定位	猎人	猎物
研究	价值	波动★
投入	资本	智力★
流动性	低	高
利用率	次数低	高利用率★

注：★标注为要点。

特殊资产市场本身就是一个生态体系，由交易商、资产的提供方、资产投资者、资产买入者、处置服务商等诸多机构共同构成，市场是从发展初期的无序、无规则、无标准，通过不断地修正纠错，走向有序、有规则、有标准，并且越来越成熟。对于成熟的投资者而言，不断完善知识体系，迭代投资工具，应用更多手段完善分析模型，才是不被市场淘汰的唯一选择。

第四节　以退出思考谨慎买进

猎豹是所有动物当中跑得最快的，但是猎豹从来不是依靠速度而成为生物链当中的塔尖掠食者，它真正的生存之道是靠抓住时机，等待猎物松懈下来的那一刹那。

同样，资产市场也适用这一经验。大多数跟随者进阶成为猎人的一个关键技巧就是能懂得分辨时机，并抓住时机。特殊资产市场中有50%的资产并没有投资价值；剩下38%左右的资产，其价值以及价格波动的因素因为行业及资产的特性，并不在猎人的研究范围之内；一个经验丰富的资产猎人真正能看得懂的资产类别，最多不会超过资产总类别的10%。

专注于“看得懂”的资产，当机会出现，果断买入。

猎人关于买入资产的步骤和理由如下所示。

第一步，了解基于自身知识结构、处置能力、资金成本等条件来确定买入头寸，以及该头寸的预期收益。

第二步，做好投资组合规划，对不同头寸的投资周期、资金错配方案、单笔头寸能够接受的可能亏损进行提前规划。

第三步，建立独特的投资管理规则。投资管理规则就像卫星的接收器，当投资系统建设起来后，资产市场当中的买入信号和卖出信号会自然地被接收。

第四步，市场的选择。真正的高手懂得纵观全局后，在局部精细化作战，无论是股权还是债权市场，资产猎人会重点考虑以下问题：

- 该资产市场的流动性是不是够强，它的价差和冲击成本是否较高；
- 该资产市场的新颖程度；
- 当地资产市场的作业规则；
- 该资产市场的资产价格是不是有足够的波动空间，波动是不是稳定；
- 该资产市场的参与资金是不是足够活跃，该资产有多少流动的资金规模；
- 投资者的投资方式是不是适用于这个市场。

以上是成熟投资者选择进入市场的基本要素。但是，导致资产交易能否赢利并不取决于买入操作，而是对于卖出时机的选择。卖出即代表入场资金的退出，投资资金退出基本上要考虑以下几个因素。

第一，资产持有及处置时间框架和周期。时间框架和周期又分为两个部分：第一个部分是宏观的时间框架和周期，即市场趋势的时间框架；第二个部分是微观的时间框架，就是资产从买入到卖出的时间框架。

第二，关于亏损的承担，即止损点的设置。

第三，按照投资者的投资系统，以及投资者的商业模式和赢利模式来决定资金的退出。

第四，当风险发生的时候投资者应果断选择卖出并退出，以下因素出现时，投资者可视为风险发生：

- 当投资者对资产有效的处置概率变小的时候；
- 当投资者对接下来发生的事情开始变得看不懂的时候；
- 当投资者面对该资产的处置行为要开始承受能力范围之外的风险的时候；
- 当该资产不再保值的时候；
- 当投资者对该笔交易的风险保护性措施失效的时候。

大多数跟随者最严重的错误是没有严格的进场以及退出的策略和原则，或者是基于错误的预测价格变化而随机卖入，又或者过度投机，利用过大的财务杠杆，当价格小幅波动就因面临难以承受的压力而离场。对于场外投资者而言，如果没有足够的资金实力，或者没有更广泛的低价格资金来源，在特殊资产市场进行投资可能将面临更多风险。

特殊资产的处置策略以外包清收为主时，投资者的参与相对比较被动，因为资产处置的大量权利和责任由服务机构承担。但是，投资者以资产的买卖获取价差的投资行为以及对资产进行投行化的处置运作过程，将使投资者的投资行为更加主动和积极。我们在这个章节中讨论资产交易，基本都是以主动管理的投资者作为阐述对象的。

据我本人对海内外成功的特殊机会基金的观察发现，获得长期高回报的成熟投资者，通常坚持以下几个基本原则以及投资思想。

1. 购买规模比较小的公司的权益。业绩优良的场外投资者，一般通过购买规模较小的公司权益赚钱，通过大公司来获利对于投资者而言比较难。如中石油、中石化，其价格变化因素非常复杂，场外投资者首先没有驾驭此类大公司资产运营的能力，其次中小投资者很难通过独立的研究团队来获取此类公司的资讯报告以及相关的更详尽的信息，并解读其真伪及深层含义。

从资产价值的角度来讲，诸多特殊资产投资者既不是纯粹的价值投资者，也不是纯粹的价格投资者，实际上，其投资行为更像介于两者之间的交替操作。投资者通常希望由资产价值的变化来引起合理的有规律的价格波动，而不希望偏离资产价值的单纯炒作式价格波动。投资者业务操作的要点就在于寻求不被市场广泛关注的价值被低估的有溢价空间的资产。

对于规模相对较小的公司，投资者对它们的财务分析、过往的业绩、历史沿革以及行业走势，包括市场上的热度都比较容易把握；从资金规模上来讲，小公司也常常是投资者更能够掌控的能力范围，投资者可以参与其导致价值变化的因素，并做出努力。当然，还必须认识到的就是，对于一家规模较小的公司的权益，投资者相对来讲更加容易出手，大量的买家更偏好于集中在中小盘市场。

2. 合理地增加财务杠杆。增加财务杠杆是谋求高收益的特殊机会投资者的必然选择。财务杠杆是一个放大器，如果投资行为可以大概率赚得安全回报，那么增加财务杠杆就能够有效利用资金，提高投资的回报率。但如果投资者预测投资的风险有控制难度，则应该尽可能考虑去杠杆。过高的杠杆会带来较多不可预测的财务风险，这就需要资产管理人在其投资行为的理性和资本贪婪的欲望之间做取舍。

3. 控制价格，低价买入高价卖出。一只投资者的投资组合中

60%～70%的投资回报，往往来自1/4或者是更小概率的价格偏低的收购案。即使投资者在未来对资产的处置有非常好的运作能力，通过再造、重组、改革等活动来升值被收购公司，都不及对这家公司的收购成本足够便宜来的更有价值和意义。纵观整个资产市场，不乏庞大的收购案，动辄总额上百亿元。但是从实际来看，这些收购案能带来高额回报的可能性其实并不大。

再强调一遍：严格控制买入成本。

投资者的首要原则是严格控制买入成本。资产管理的要点、方式、方法都是基于投资者对资产便宜的买入。只要资产收购价格过高，投资者后期试图赢利的难度都会由此而增加。

其次，投资者应避免将过多注意力放在投资机构过于集中、竞争过于激烈的市场。比如像北京、上海、广州、深圳，还有江苏、浙江一带，都是目前特殊资产市场投资者过度集中的区域，大量的资金进入，民间资本、个人资本都参与特殊市场当中。从资产管理的角度来看，各类的资产在这些区域中，价格开始大幅度上涨，投资者想在这个市场中获利的难度已经增加。

再次，投资者应该去寻找参与者较少的市场，比如考虑进入资产价格相对便宜的二级市场存量资产或国内中东部二线城市的资产市场。

谨守上面3个投资原则，买便宜的、规模比较小的公司权益，适当地增加杠杆，并选择市场利润空间更大的区域市场是投资者需要牢记的操作准则。

投资者的基础投资思维

即使投资者能够熟练掌握上述几个关键要点，但更深层次的经过独立思考的投资思维，才是能够有条件运用上述关键点的基础。成熟的投资者在经历过数次的成功和失败之后，会将一些投资思维扎根于心。

1. 世界是由不确定性构成的，不能完全依靠假设进行投资，也不应过于依赖分析师对宏观经济的预测上，要依靠系统投资，而不是赢利的可能性。

2. 投资者依靠预测进行特殊资产投资和资产管理具有风险。因为特殊资产市场充斥着太多的随机行为。牧人不能到处去找草场而是要建设自己的牧场，无论牛市和熊市，投资者均能依靠系统找到获利机会。

3. 控制投资安全边界，不要让任何焦虑以及压力促使投资者过度冒险。

4. 风险就是可能发生但还没有真正发生的潜在威胁，而且大多数投资者认为它并不会发生。

5. 想在特殊资产市场当中赚大钱，投资者就要做正确而且与众不同的判断。

6. 寻找那些众人不认同的资产（但研究结果并非如此），并且在低价时买入。如果能做到这一点，长期来讲，投资者有很大的概率成为市场赢家。

追求投资赢利目标的三个关键法则

法则一：数字化预期收益目标以及目标分解

投资者要将投资的预期目标数字化，并用财务模型计算出来，然后把这个目标分解，分阶段执行。

附属法则 A：分清自信和乐观。

乐观就是投资者相信买入资产行为一定会赢利，除此之外，不可能有其他的事情发生。自信是认为买入的资产可能会赚钱，也可能会亏损，但当亏损发生的时候（风险发生时），投资者知道如何处理。

附属法则 B：重复简单。

寻求一个简单有效的财务模型，并且反复实践并修正这个模型。

法则二：技术手段等于比较高的概率，但没有任何市场是被重复的

所有的资产处置评估报告和专家分析/外部分析的积极结论，都仅仅指向比较高的可能收益准确度，就是说让投资有更高概率能够赚钱，但是它并不等于该笔投资行为一定能最终赚到钱。因为所有的资产市场的处置经验都不是可以完全被重复的，每个投资行为都是一次全新的操作。

所谓概率就是投资者获得投资分析报告之后，依然要从怀疑的角度去研究它，因为它并不确定。

附属法则 A：过分信赖技术手段会驱使投资者的乐观情绪，而乐观会驱使赌博潜能。

过分地依赖分析报告，投资者会变得乐观，进而会相信随后的交易行为及目标都会按照事先的分析报告发展。乐观情绪会驱使投资者的赌博基因，放弃资产配置策略，放弃预留安全边际，在单一资产交易行为中孤注一掷。

附属法则 B：法则 A 的关键点可以让基金管理人自信，而乐观要建立在自信的基础上。

投资者只有知道最危险的操作会造成什么后果，再以乐观的态度看待投资行为，并对细节进行分析，谨慎前行，投资的目标一定是追求最高收益的可能。但是在追求最高收益的同时，任何时候都不要忘记风险的发生，独立思考，走自己的路向前进，在这个市场当中形成自己的独立判断，这个对于投资者而言，是最重要的事。再次强调一下作为投资者的核心责任：

- 控制风险；
- 保持资产以及资金的稳定性和可流动性；
- 寻找被市场低估的资产；
- 专注于细节的研究；
- 研究可持续发展的经验以及方法；
- 宁可错过，不要做错。

法则三：分布头寸

投资者可以利用全部可用资金的70%～80%来对一个低成本低风险但流动性较好的资产进行投资，用剩下20%～30%的资金去寻找一些价值被低估但潜在收益更高流动性较差的资产进行投资。这就是70%～80%的投资配置和20%～30%的投机配置。

低估的资产常常在市场的角落，不被人关注，且这些资产未必合潮流，甚至不能被普遍的投资机构所理解。

附属法则A：再大的赢利概率也尽量避免下重注。

附属法则B：减少投资的次数，增加投资的精度。

随着经验的成熟，投资者通常会减少投资的次数，而强调投资的精度。特殊资产市场中，最好的投资机会是等来的，而不是在市场当中找来的。

第五节　资产市场趋势的形成

大多数跟随者想要进阶成为资产猎人，还需要理解作为投资者对市场的认识远比了解资产处置技术更重要。在特殊资产市场中，投资者选择资产换手的时机，是因为市场给出了明确的交易信号：

- 加入特殊资产市场的资金的数量开始急剧增加的时候；
- 资产市场有泡沫的时候；
- 特殊资产市场有过度乐观情绪的时候；
- 大多数跟随者认为趋势不会改变的时候；
- 新手越来越多的时候；
- 当分析报告越来越多地显示市场价格波动有开始加速的趋势，并且这些波动开始呈现无规律的特征，同时资产市场交易量开始增加的时候。

以上均是导致资产市场趋势变化的显著特征。

市场趋势的形成

资产市场趋势的形成具备一定的规律以及典型特征，投资者可以通过图 5.1 来解读。

在特殊资产开始市场化供给的初期，市场尚未形成，赢利模式以及商业模式均呈现不明确的特征，少数的冒险者开始进入市场并有部分投资者开始获利，这部分获利的少数投资者成为少数

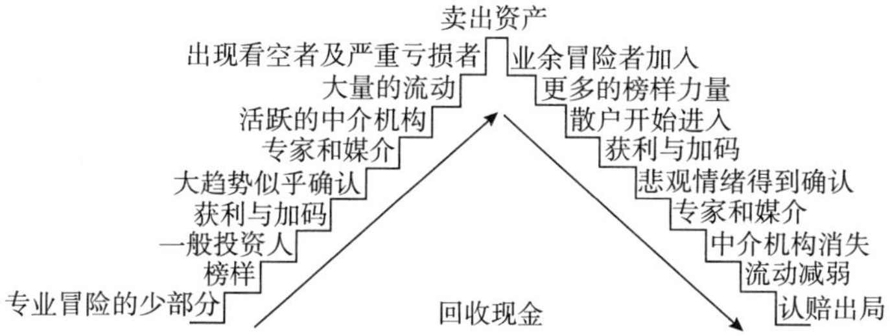

图 5.1　投资情绪导致市场趋势的变化因素

跟随者的榜样。少数跟随者认为投资时机明确，随之进入市场。而原来有获利的早期冒险者开始将前期获利继续投入市场，资产的价值增长性开始被普遍接受，资产价格随之稳步上涨，价格上涨趋势似乎开始确定。

当资产市场开始有大多数跟随者逐渐涌入时，专家和媒介开始参与其中，媒体涌现大量市场利好的报道，市场开始蓬勃，带动大量中介机构活跃在资产交易的各个领域，法律、评估、审计、撮合机构是其中最为活跃的机构。市场的热烈程度以及赚钱效应开始带动更多资金涌入，整个市场透显着人性的贪婪、自负，以及非理性特征。资产价格被继续推高，大多数跟随者开始进场，资产市场交易的活跃程度达到高峰，少数跟随者的财务报表呈现小幅获利，榜样开始批量地涌现，更多散户开始选择进入，其中多数非专业投资者开始被套牢并陷入后悔情绪，同时这个价格高点也是大量专业级别投资者获利了结之时。

在市场繁荣表象的背后，资产价值被明显高估，交易量开始萎缩，资产价格已经开始回落，随着失利的人群扩大，市场的悲观情绪开始蔓延，专家与媒介开始公开看淡市场，意见领袖以及自媒体同时加入看空行列，高位套牢者开始选择低价抛售资产，中介机构逐渐消失，市场流动性减弱。

猎人和大多数跟随者同时在该节点选择卖出，大多数跟随者选择认赔出场，而猎人即使在趋势转折之初利润有所回撤时出场，依然收获颇丰。

随后的资产市场表现得越发疲软，市场已无多少成交量，进入了息战状态，资产价值被再次低估，资产价格普遍偏低，新一轮的趋势即将开始……

资产猎人的投资系统

资产猎人之所以能在资产市场中对趋势有所把握并长期得以生存，关键竞争力是基于有完善并经过检验的投资系统。有系统和无系统正是区别猎人和大多数跟随者的一个重要指标。通常，一个有效的投资系统将具备以下这些必备要素：

- 这个投资系统要建立在投资者熟悉的资产领域当中；
- 该投资系统对于所投资的领域、资产规模的限制、适用于长线投资策略或是短线投资要有明确的操作指引；
- 该系统应该考虑投资的时间框架与运作的周期；
- 该投资系统使用的外部分析工具应运行稳定；
- 外部分析工具应从多个维度帮助系统进行工作，包括估值估价、买入分析或是卖出分析等。

资产猎人建立一个系统还需要其他 8 个基本要素作为支撑：（1）必须获利；（2）简单易用；（3）可靠和稳定；（4）具有帮助改变投资额度的功能；（5）能够提示风险边际；（6）对资金的使用加以控制；（7）结论清楚；（8）经过长期测试。

依靠系统进行投资是科学的投资行为，投资行为分为三个方面：第一，整体规划周期、资金量、预期收益以及可以承受的风险；第二，投资行为的决定因素是优势，投资者和其他市场参与者有什么不同的技巧、策略、工具和方法；第三，整个交易的执行成本。投资行为永远没有最好，但是投资者应该知道什么是更好。资产猎人永远在探索和研究，在市场中存在的诸多不确定因素中尝试各类积极有意义的工具。

关于投资成本

在特殊资产市场中，成熟的投资者将投资成本分为两大类：一类是处置资产过程中支付给服务机构的佣金；另一类是交易成本，包括付给金融资产交易所和中介机构的资产交易佣金（互联网交易的撮合成本将大幅度降低）、买入成本。而对于成熟的投资机构而言，投资组合中亏损的部分也被列入投资成本。

关于向处置服务机构支付服务佣金这一问题，大多数跟随者容易犯的一个错误就是追求低佣金。投资者不要过度考虑给合作机构压低佣金，特殊资产市场中服务的价格与服务的价值通常不会偏离太远，高质量的服务必然匹配高佣金，而高质量的服务往往给投资者带来的收益远超佣金。合理的佣金将帮助投资者：

- 得到更好的处置执行方案；
- 获得更多成交机会。

总结与思考

本章内容基本是成熟投资者在特殊资产一级和二级市场投资实践中的心得，还有我对机构投资者和个人投资者的一些观察而得到的感悟。在市场中沉浸的时间越长，成熟投资者就越是能够感受到对资产市场的敬畏之心，进而将研究分析的方向由资产市场转向市场的参与者。我在和数十位杰出的资产管理人深度交流和合作后，发现了他们身上的一个共同特征：这些成功的投资者所做的最大的投资是投资于自己的知识体系，进而建立独特的思维模式，以思维模式为基础，最终形成其自有的投资系统。这个演化的过程，值得所有准备进入特殊资产市场的投资者深度思考，这些思考包括以下内容。

1. 市场是不确定的。投资者想在市场当中获利，应当建立自己独特的分析模型，并在实践中不停检验。投资者分析研究市场资讯能让投资组合的获利概率更大，但足够的研究并不代表一定会赢利，因为市场永远是独特的。

2. 投资者没有自用的投资管理规则是最糟糕的。如果投资者能建立起一套自我的管理规则，将有极大可能在投资过程中战胜市场中的多数跟随者，完成从跟随者到猎人的转化。

3. 积极地研究各种工具。虽然这些分析工具各自具有局限性，但只要具备独特的投资思想，这些分析工具就能辅助投资者客观地审视投资行为的安全边际。

4. 大多数跟随者的投资思维模式有较大缺陷。大多数跟随者用各种基础教育知识来迎合社会环境本身没有问题，因为社会的本质是友善和互助，但不能将这些知识用于投资市场。投资市场是利益的拉锯和制度的冲突，交易市场中一方获利就代表另一方可能失利。所以大多数跟随者要学习新的思考方式——在大多数跟随者中脱颖而出，成为猎人。

最后，借用李小龙的两句格言来提醒特殊资产市场中的大多数跟随者。

> 专注是成功的关键，真正成功的勇士其实只是一般人，但他具有激光般的专注力。
>
> 一个搏击者必须经常保持心灵单纯，他的心目中只有一个目标，就是如何搏击。

附 录

表1 实现资产变现的主要因素

因 素	具体内容
变现能力排序	土地使用权 > 房地产、股票或股权 > 采矿权、机器设备、车辆、债券、停车场 > 应收账款、海域权、林地及林木资产、公路收费权
变现要考虑的市场因素	1. 处置抵质押资产的交易平台的成熟度 2. 强制变现一般走拍卖程序，交易期限短，市场参与者有限，变现价值相对偏低 3. 有序变现一般交易期限较长，参与者的选择空间大，变现价值相对偏高 4. 抵质押品受其产品属性的限制，价值受到市场行情、政策社会环境变化的影响 5. 市场消费心理的影响
变现要考虑的资产因素	1. 通用性强的资产流动大，变现的周期相对会短 2. 是否可分割转让，化整为零处理，更灵活、更容易变现；而抵质押资产变现价值很高，却不能分割转让，买方相对受限 3. 抵质押资产的可控性，动产较不动产控制监管更为困难，容易发生实体性损耗贬值和功能性损耗贬值
风险因素	1. 土地使用权和房地产抵押，需要研究抵押的实体情况，是和房地一起还是单独抵押，会直接影响变现价值 2. 抵押资产、权利质押若存在瑕疵，发现与鉴别有一定隐蔽性和专业性，比如用非上市公司瑕疵股权质押 3. 变现价值与评估价值经常会有较大的偏差 4. 因为流动性差而导致处置难度大 5. 重复抵押、质押问题 6. 道德风险 7. 上市公司股票质押具有股票价值下跌且不能追加有效担保风险和限售股风险

表2　不良资产底层档案核查以及风险控制要点

风控要点	操作备忘
审阅抵押合同	1. 合同是否完整，是否原件；关联文件的关键数据是否相一致 2. 抵押房产名称、种类、位置、面积、数量、证照号码、抵押值、抵押范围等明细信息 3. 日期、时间上的逻辑印证性★ 4. 抵押人是否相一致 5. 抵押担保的范围★ 6. 合同的生效要素（如签名、盖章）是否正确、齐全 7. 属法人担保的除了盖公章还要有法定代表人或授权代表签名（不能盖私章） 8. 合同附件有无抵押房产的权属凭证，凭证的权属人及登记内容与抵押合同各要素是否相符★ 9. 共有的抵押房产，全体共有人是否在合同中签章确认 10. 合同是否约定了实现担保物权的特别程序 11. 合同是否办理了公证手续 12. 有多个抵押人的情况，审查每个抵押人对应担保的内容 13. 有无导致合同无效的情况★
审阅抵押登记凭证	1. 有无办理合法的抵押登记手续 2. 抵押登记的内容（如抵押人名称，登记日期，抵押房产证照号码、面积、名称及位置，担保的债权范围等）能否与借款合同、抵押合同的相关内容相印证★
核查抵押人主体资格	1. 抵押人是借款人还是第三人 2. 抵押人是法人的，是否有同意担保的《股东会决议》以及其内容是否与借款合同、抵押合同相印证★ 3. 如抵押人是企业分支机构或其他组织，是否有相关部门出具的授权书★ 4. 如抵押人是自然人，是否有身份信息 5. 抵押人是否有相应民事权利能力★ 6. 如抵押物为共有，是否有共有人的身份信息
核查抵押房产	1. 是否存在法律规定的不可抵押的情况★ 2. 若抵押房产是部分物业，看其是否为核心或主要部分，及其他物业的抵押情况

（续 表）

风控要点	操作备忘
核查抵押房产	3. 抵押房产的房、地是同时抵押还是分别抵押 4. 抵押房产是否属于预购商品房，查看抵押权预告登记 5. 抵押房产是否是在建工程 6. 抵押房产有无公益性、行政性或其他专属的用途
再核查	1. 借款人是否曾偿还过款项，须做相应的减免认定★ 2. 查看抵押的顺位情况，并查看顺位在前的抵押权情况★ 3. 查看或做抵押房产的调查报告、评估报告、预估文件，判断其现值 4. 抵押房产是否存在优先受偿的债权（如工程款、出让金、闲置费、税费、具地方特色的费用等） 5. 有无抵押人出具的抵押房产（在抵押时）状态说明或收益说明★ 6. 抵押房产的目前状态（自有、借用、占用、租赁、闲置、损毁） 7. 抵押人、第三人是否有提出抵押无效或权属争议及请求的主张、诉讼（仲裁）或其他纠纷（尚未进入司法程序）★ 8. 抵押人、第三人或政府等是否对抵押房产设置了处置障碍★ 9. 涉及抵押房产的其他相关材料或信息，例如会被征收拆迁、可（已）获政府批准能够升级改造、有无第三人对抵押房产表达购买意愿等资料★

注：★标注为重点。

表3 贷款抵押物辅助核查以及风险控制要点

风控要点	操作备忘
核查产权情况	1. 对有《房地产权证》的房产，查询该房产的权属登记、抵押、查封等情况，查证该房产的产权是否清晰 2. 对只有抵押权预告登记的房产，可到当地房管部门申请信息公开或登录其官网输入相关信息查询 3. 若是另案涉诉房产，则可以委派律师利用另案手续（或向法院申请调查令）查询该房产的档案★

（续　表）

风控要点	操作备忘
核查产权情况	4. 需要获得该房产的信息：（1）权属信息，包括地址，权属人，建筑面积，使用性质，权属来源，结构及功能，使用期限，已转让、已分割单元，欠费类型，限制转移，历史遗留问题，行政处罚，购入价格等信息；（2）抵押信息，包括抵押权人、抵押权利部位、权利面积、权利价值、登记时间、债权数额等；（3）查封、解封及协助执行信息，包括查封类型、查封时效、查封机关、查封案号、查封标的明细、协助执行的内容等★
核查查封情况	1. 抵押房产（如出租）的租金是否已被法院冻结或截留 2. 首封案件的债权人、案由、该债权人与抵押人的关系、查封法院、所处阶段、债权金额、查封期限、处置进度★ 3. 本案债权人是否对首封法院拖延处置提出过异议★ 4. 若属最高额抵押的，贷款是否在查封后才发放 5. 其他轮候查封的大致情况
其他	分别到建设、规划、测绘等单位进一步调查该房产的相关信息

注：★标注为重点。

表 4　贷款抵押物现场核查以及风险控制要点

风控要点	操作备忘
查看位置	查找房产的实际位置
找到现场	房产的存在情况、是否灭失、地理位置和周边配套
查看现状	1. 工程进度（在建工程） 2. 结构、面积、新旧程度、装修、设备安装情况 3. 当前用途 4. 对比产权证判断其是否存在违章情况★ 5. 是否闲置、烂尾（含所在楼盘烂尾） 6. 是否需要加固 7. 有否被部分拆除、损毁 8. 是否具备独立使用功能★

（续 表）

风控要点	操作备忘
查看现状	9. 抵押房产范围内权属情况★ 10. 物业管理情况及费用
查看使用情况★	核查该房产由何人使用或控制，如果该房产非抵押人使用，需查明： 1. 是否属于借用、占用、租赁或闲置 2. 如属占用，应了解使用人的背景、与抵押人的关系及占用的原因★ 3. 如属租赁，应取得租赁协议或了解租赁发生的时间及情况 4. 如使用人声称该房产属其所有，或者声称已购买或已抵债，尤其要注意必须取得相关证据或信息★ 5. 是否被公益性、行政性或特殊单位使用
查看相邻情况	1. 是否会被其他地块或房产产生限制及阻碍，影响其使用及价值★ 2. 周边地块的开发利用和商业氛围情况★ 3. 周边是否有污染源★ 4. 有无配套的物业，如配电房、宿舍等 5. 所在区域是否还有牵连物业（如配套停车场）
查看改造限制	1. 预估改造的可能性及难度 2. 判断改造是否受相邻业户、相关部门（如规划、城管、水源区等）或特殊管制（如机场管制、高压线限高、军事禁区、文物保护等）限制★ 3. 有无“钉子户”
现场收集信息	向相关人员访谈并收集涉及该房产的相关信息：是否有第三方已对该房产设置了处置障碍，或有购买意向，或有施工合同纠纷、烂尾原因等信息
欠债情况	1. 是否拖欠出让金、市政配套费 2. 是否拖欠转让价款、物业管理费、水电费、供暖费、环保费等

注：★标注为重点。

表 5　抵押物综合核查以及风险控制要点

风控要点		操作备忘
权属状况	权属灭失★	1. 是否存在已转让、已抵债、已分割、已房改但未办理过户手续的情况 2. 有无已被征收、拆迁、置换但原权属证书未注销的情况 3. 是否会因主管部门失职，导致一物多证，或者本证的实物其实不存在 4. 实物是否已被拆除、损毁
	权属瑕疵	1. 是否未付清受让价款而与原权属人有争议，或原权属人有权利保留★ 2. 是否已接管或控制房产 3. 是否存在抵押人以房产作价入股或作为出资条件、合作条件的情形★ 4. 如属抵押人受让或抵债所得，是否已履行了受让合同或抵债协议/裁定约定的义务★ 5. 房产权属人与地块权属人是否一致 6. 房产所在地块用地性质
	权属人情况	1. 抵押人的主要财产情况 2. 交易是否涉及国资和外资
纠纷情况★	权利纠纷★	是否存在产权、相邻权、合同义务、共有、合作开发、转让、租赁、价款、侵权、共益、一物多卖、实物分割、企业改制等纠纷
	其他纠纷	1. 是否属拆迁房、廉租安置房、置换房 2. 是否涉及小业主问题或职工安置问题 3. 是否与强势部门/人士有利益冲突 4. 如属预购房产且未交收实物，开发商是否配合移交房产及办理权证 5. 是否被第三人在抵押房产上加建、扩建建筑物，或添附构建物，或装修从而产生（或隐藏）纠纷

（续　表）

风控要点		操作备忘
规划建设情况	规划情况	有无违反规划报建条件，或违反建筑物的规划用途，须结合地方性特殊要求与政策
	报建情况	消防验收手续
	征收拆迁可能	1. 是否会被征收（含政府借用）、拆迁；其原因、可能开始的时间；方式，补偿情况 2. 抵押人对征收拆迁的态度
目前使用状况★	如有租赁	1. 出租方与抵押人的关系 2. 是否存在虚假租赁嫌疑；有无能够证明租赁关系存在的其他情况（如缴费凭证等） 3. 租赁的期间、租金标准和用途；是否有备案 4. 租赁关系能否对抗抵押或查封，是否须另案诉讼才能处理 5. 租金有无被法院冻结扣划 6. 承租人是否有购买租赁物业的意愿
	如果现状为闲置或烂尾（含所在楼盘烂尾）	1. 闲置、烂尾的原因，时间，余下使用权期限 2. 是否受到处罚（如责令整改） 3. 重新盘活的可能性，抵押人或政府是否会在近期内确定处置方案
处分障碍情况★	部分或相邻房产处分情况	1. 相邻或部分房产是否曾被法院或抵押人处分过，其处分情况如何 2. 部分处分物的购买人背景、购买动机
	过户限制	1. 当地政府对法院处置的配合程度 2. 房产办理过户手续是否存在当地政策上的问题 3. 是否属国有或集体资产且过户规定不明晰等 4. 是否有历史遗留问题未解决故暂缓过户 5. 是否属于特殊用途等 6. 房产所在地块是否属划拨用地、集体建设用地，从而影响过户 7. 是否属抵押人唯一住房或依附若干户口

（续 表）

风控要点		操作备忘
处分障碍情况★	处分障碍★	1. 如已被另案查封，之前法院是否处分过该房产 2. 今后是否会面临难以处置的情况（如政府行为、规划调整、纠纷、被恶意占用、有特殊用途等）
	关系人的态度★	1. 相关部门对处置该房产的态度 2. 抵押人、权属人、承租人、（商业）物业管理人或其他关联人对处置该房产的态度 3. 已对该房产设置了处置障碍的第三人的态度 4. 该房产是否已有潜在买家
过户时的税费负担		1. 预估过户时会产生的税费种类（尤其是增值税）及金额 2. （如属划拨用地）预估过户时需补缴的土地出让金

注：★标注为重点。

表6　抵押物回收估值核查以及风险控制要点

风控要点	操作备忘
产权有效性	1. 抵押合同合法有效 2. 权属明确清晰，无争议、无限制 3. 争议、限制权属可解决的概率×加权系数★
变现价值	1. 单价选取：确定基准单价时，主要考虑选取相似案例中位置相近、用途相同、结构相同的房产 2. 单价结合各影响因素修正 3. 在建住宅，可按照建成后可能的销售单价乘以建筑面积，得到假设开发完毕销售的价值，要考虑基于目前建设进度估算后续可能发生的建设投入、相关税费、预期利润空间等
变现价值调整★	1. 是否有评估报告及评估方法是否妥当 2. 根据所在区域近期同类房产的市场价格，预计扣除税费后，该房产的大致价值 3. 对正在出租的房产，可按月租金×系数，预估其价值

（续 表）

风控要点	操作备忘
变现价值调整★	4. 结合相邻区域的物业情况，判断该房产是否有政策性改造大幅升值的可能 5. 附租赁权影响、他行首封、区域经济景气度、区域司法环境等、房产涉及纠纷、抵质押住宅所有权人涉及刑事诉讼案件、“房地分离”抵押、房产尚未腾空等 6. 处置税费、需扣除优先受偿的情况 7. 近期相似案例的司法拍卖成交价格，或司法拍卖流拍价格 8. 受评抵押房产在面积、朝向、户型、楼层、剩余使用年限、装修情况、物业管理、周边配套等方面的差异
变现时间预估	1. 回收方式：诉讼或是自己清收 2. 评估时所处的诉讼节点，倒推可能的变现时间。法律诉讼程序包括诉前保全、起诉、立案、文书送达、调解、判决、执行等，全部程序耗时约为 2 ~ 3 年，具体情况需结合各地区司法环境判断★ 3. 结合影响因素进行变现时间预留延长★ 4. 是否存在政府干预、区域司法效率低下、债务人故意拖延、跨省首封等情况★ 5. 对于通过企业重组的方式实现抵押住宅回收的情况，回收时间主要取决于重组安排

注：★标注为重点。

表 7　抵押物回收估值变量以及风险控制要点

风控要点	操作备忘
租赁	1. 剩余租赁期长短 2. 租金市场水平 3. 租金已一次性全部支付 4. 租赁合同解约成本高 5. 虚构租赁关系的情况，对回收时间会有较大程度的影响，特殊情况下可能影响回收价值★ 6. 承租人的配合程度★

（续 表）

风控要点	操作备忘
租赁	7. 抵押与租赁成立的先后顺序不同，直接影响租赁合同的效力及承租人享有优先购买权的问题★
他行首封	1. 债权人与抵押权人在同一省内的，通常不会影响押品回收金额，但对回收时间会有一定影响 2. 债权人与抵押权人跨省的，对已形成司法联动的区域来说，通常不影响押品回收金额，但可能存在抵押权人需让渡部分经济利益给首封债权人的情况，从而削减抵押物回收价值，并对回收时间有较大程度的影响。若未形成司法联动的则影响更大 3. 首封债权人享有优先受偿权受限的情况★ 抵押人为自然人或其他组织的，除抵押财产之外没有其他财产可供执行或者其他财产不足以清偿剩余全部债务的；抵押人为企业法人的，其财产不足清偿全部债务的，如果申请破产清算，则首封解除，按破产程序和原则界定回收
特殊的房产类型★	1. 公有住宅（房改房）：购买5年后才可出售，原售房的产权单位有优先购买权，售房收入在扣除有关税费后，按个人与单位或政府各自所占的产权比例分配 2. 经济适用住房（含集资房）：购买5年后才可出售，出售时须按同地段普通商品住房与经济适用住房差价的一定比例向政府缴纳土地收益等相关价款，才可取得完全产权，且政府可优先回购 3. “小产权房”：不能正常上市交易，无法为非本村镇成员办理产权登记，潜在的买受人范围受限，处置难度较大 4. 唯一住房：抵押权实现难度较大，可以通过减免债务的方式协商解除抵押权，一般以私下和解居多 5. 别墅：价值相对较大，可能存在有价无市的情况，须考虑回收价值高估风险
纠纷房产★	1. 邻里纠纷、其他债务纠纷 2. 开发商与拆迁户之间存在纠纷，拆迁户自行入住抵押住宅等，会导致法院难以强制执行抵押房产

（续 表）

风控要点	操作备忘
纠纷房产★	3. 抵质押住宅所有人涉及刑事诉讼案件情况，须考虑从抵质押住宅回收价值中扣除可能涉及的刑事赔偿金额，且在回收时间方面也要考虑刑事案件的影响 4. 对于“房地分离抵押”，但一并处置的情况，需要抵押权人之间事先协商最终的回收价值在建筑物和土地之间的分配比例
区域经济	1. 经济较为发达的区域资产处置市场较为活跃，抵押资产易于变现 2. 经济欠发达区域资产处置市场低迷，抵押资产变现困难
优先扣除的金额★	1. 未偿还的房贷 2. 需补缴的土地出让金 3. 拖欠工程款 4. 开发商将在建部分房产所做的抵押贷款

注：★标注为重点。

表 8 工业地产收购的尽职调查估值要点

风控要点	操作备忘
投资协议	限制性条款★ 1. 对项目转让的限制及违约责任 2. 对产业类型的限制性要求及违约责任 3. 对投资强度、产值、税收的要求及违约责任 投资者在交易前须与政府主管部门沟通协商。必要时，投资者可以和政府签署一份新的投资协议以取代原投资协议
土地使用权合规性审查	工业用地原则上必须以招标、拍卖、挂牌方式出让 1. 协议出让：须经县级以上政府审批，还要考虑协议出让价格是否符合法定的协议最低出让价 2. 划拨取得：在交易前与政府主管部门探讨划拨转出让的可能性，并对程序及时限、签署出让合同和补缴土地出让金等方面的事项予以明确，并与卖方协议明确

（续 表）

风控要点	操作备忘
土地使用权合规性审查	3. 划拨转出让方式取得：应重点审查划拨转出让的审批文件、土地出让合同以及补缴土地出让价款的凭证 4. 集体建设用地：原则上尚不允许将集体建设用地出让用于非农建设★ 变通方法为通过征收集体土地“变性”成国有土地再行流转。企业破产、兼并等情形同时满足以下条件：企业是乡镇企业；企业用地符合土地利用总体规划；企业用地依法取得；企业发生破产、兼并等情形 5. 集体农用地：根据法律规定，占用集体农用地进行非农业建设，属于违法占地。如遇部分历史遗留问题的政策性处理的情况，建议全面审查政府的批文以及企业签署的出让合同、补缴土地出让价款的相关文件
土地出让价款的缴纳★	1. 确认与企业签署土地出让合同的合法权利主体资格 2. 确认土地出让费用的历史缴纳情况。以土地主管部门出具书面文件为准，以确认企业缴纳土地出让金的情况
开发期限	未按合同约定的开发期限进行项目建设的法律风险： 1. 延期开竣工违约责任 2. 土地闲置：企业未按照出让合同规定动工开发满一年的，政府有权征收闲置费，未动工满两年的，政府有权无偿收回土地使用权★ 3. 未有效开发及利用：对于仅开发部分但尚未达到闲置条件的地块（如已开发的土地面积刚刚超过1/3，投资额刚刚超过25%，但剩余土地多年未开发），需看地方政府是否对其采取一些限制交易的措施★
建设工程的审批及房屋使用	1. 行政审批包括项目立项、环境影响评价、安全设施设计审查、规划设计方案审查、施工图审查、建设工程规划许可证、建筑工程施工许可证、消防设计审核/备案、防雷设计审核、卫生等行政许可/审批手续以及对应的全部验收文件等★ 2. 取得了房屋所有权证的构建物因为行政审批及验收手续不全而导致可能是违章建筑。投资者应对违章建（构）筑物予以

（续 表）

风控要点	操作备忘
建设工程的审批及房屋使用	审查并要求卖方在交易前进行整改★ 3. 违规装修及改造：按照法律规定，需要办理审批手续的目标资产的装修及改造是否办理了相应的手续 4. 违规使用：改变规划许可的房屋用途，将工业设施用于物流、办公、住宅、商业，可能承担合同关于土地用途的违约责任，和违反建筑物规划用途的行政责任，还可能承担发生事故保险公司拒赔的风险
改扩建项目的可行性审查★	1. 如果需要申请变更土地用途或改扩建，要去了解规划和行政方面的可能性，并对变更程序和时限、签署出让合同以及缴纳土地出让金等方面的事项予以明确 2. 特别注意有些现存工业用地在城市规划中已不再属于规划的可建设区域，因此在完成交易后的改扩建项目将面临审批障碍 3. 未编制控制性详细规划的区域，不得进行建设。投资者拟在交易后进行改扩建，应审查目标地块区域的控制性详细规划是否已经编制并获得审批

注：★标注为重点。

表9 股权收购尽职调查要点

调查要点	尽职调查科目
企业基本信息	企业名称、法定代表人、注册地址、注册资本、成立时间、企业性质、实际控制人名称及近3年实际控制人是否发生过变更、是否为员工缴纳社保与公积金、员工人数、主营业务及主要产品等
同业竞争情况	1. 控股股东、实际控制人自身、持股20%以上股东或其控制的企业是否经营与公司相同或相近的业务 2. 若存在对外投资公司，被投资公司是否经营与公司相同或相近的业务
目前股本结构	1. 股东名称、持股数量、持股比例、代持情况 2. 是否存在外资股东（包括历史上已经退出的）及相应审批手续档案

（续 表）

调查要点	尽职调查科目
目前股本结构	3. 是否存在国有股东（包括历史上已经退出的）及相应审批手续档案 4. 历次股权转让办理工商变更登记手续档案 5. 股权结构的清晰程度，股票发行和转让行为的合法合规性
近3年的财务状况	涉及财务指标：资产总计、负债总计、净资产总计、营业收入、营业成本、利润总额、净利润、所得税、缴纳流转税（增值税或营业税）
控股或参股子公司、分公司情况	1. 控股子公司、参股子公司：名称、注册资金、持股比例 2. 分公司：区域、数量、经营现状
特资与优惠	相关资质或荣誉、拥有的专利技术或著作权、是否高新技术企业、目前享受的税收优惠政策
主营产品与核心竞争力	1. 近3年主营产品名称、销售状况、营业收入、产品收入占当年主营收入的比例 2. 持续经营能力 3. 企业主要竞争优势和成长性描述
管理与规范	公司治理机制、合法规范程度
上下游资源情况	1. 上下游资源品类 2. 上下游资源的关联产品开发程度及经营状况 3. 上下游资源的拓展规划与可行性

表10　非金融机构不良债权收购尽职调查要点

风控要点	操作备忘
协议与文案资料★	1. 基础合同无效，可能导致债权转让协议、债务重组协议及相关担保的无效或部分无效；标的债权合同是否存在法律规定的无效、可撤销、可变更的情形（《合同法》第52条及第54条）

（续 表）

风控要点	操作备忘
协议与文案资料★	2. 基础合同无效，但相关价款的支付真实存在的，后果可能为返还原物、恢复原状等责任。受让方有收购此返还的原物债权的机会 3. 审核范围：基础合同、相关文件（如债权债务确认书）、审计报告/财务报表及相关单据凭证，债权形成的合法性，是否超过诉讼时效 4. 核对文件的匹配一致性，注意文件之间相应数据不匹配、审计报告存在与标的债权相关的期后事项记载或审计报告有与标的债权相关的保留意见等情形 5. 审核标的债权金额时，需注意标的债权是否存在已转移至第三方的情况 6. 非金融机构债权收购中可能出现收购标的为企业直接资金拆借所形成的债权的情形，尤其是股东与公司之间的资金拆借情形，其债权效力存在不确定性问题，可以通过合同条款约定将标的债权进行各种可能产生形态的延伸叙述，以降低受让的风险
债务人的抗辩与抵销	1. 债务人或第三人可因标的债权的瑕疵或负担进行抗辩或主张抵销，受让人可能发生债权无法实现的风险（《合同法》第67条、第74条、第82条、第99条） 2. 标的债权是否存在第三人主张权利的问题，是否存在二重转让的问题 3. 应当注意审计报告/财务报表中相关债权人、债务人的应收应付情况是否与标的债权情况匹配，是否存在审计基准日后减损的情形，原债权人与债务人之间是否存在可抵销情形★ 4. 建议取得债务人放弃一切针对标的债权的抗辩及抵销权的确认文书★
债权的真实性、准确性★	1. 企业集团之间的资金拆借与往来，不一定有书面协议；资金往来的凭证及单据不一定齐全；还存在债务人与让与人串通、隐瞒债权真实状况的风险 2. 债权确认文件的主要内容再次进行三方确认

（续　表）

调查要点	尽职调查科目
债权的真实性、准确性★	3. 转让方及债务人在协议中须确认标的债权真实合法有效，并由出让人和债务人连带承担因标的债权瑕疵的退还收购价款和其他赔偿的责任 4. 在债权转让协议中明确债权人对转让标的存在瑕疵或无效情形时的违约责任，该违约责任应可覆盖受让方实际损失及预期收益★
标的债权是否存在不可转让的问题	1. 根据合同性质不得转让 2. 按照当事人约定不得转让 3. 依照法律规定不得转让
原合同的履行情况	1. 若存在原合同约定义务未履行完毕、预备合同项下权利前提未定，收购风险巨大 2. 若确定收购转让债权，可在原债权债务合同基础上签订补充协议，即由原债权债务人就原合同项下权利义务履行情况做出详细约定，并根据项目需要对转让方义务及权利行使前提等约定做出调整，还要对原合同中合同解除、违约责任等条款做出补充说明，确保债务人不以该等条款对受让方受让债权后行使权利时提出抗辩★
担保约定★	1. 在担保合同中明确约定担保范围 2. 将债权转让协议与债务重组协议一并作为担保合同的主合同，担保范围扩大到债权转让协议与债务重组协议项下债务人、原债权人（转让方）的全部义务与责任
收益模式	1. 打折收购模式应做好财务处理的沟通以方便推行 2. 违约金模式下若可能出现重组/放宽限期的情况，提前明确约定以免发生时难以推行 3. 财务顾问费模式，约定相对公平和适当的顾问费用，避免无效的可能 4. 重组补偿金/资金占用费模式，注意费率的约定符合国家相关法定的标准 5. 建议根据项目实际情况按适当比例混合适用各模式

（续 表）

调查要点	尽职调查科目
转让通知	向债务人发出的转让通知明确与协议内容一致与唯一性，非经双方书面认可不可另发与内容不一致的通知，特别是支付条款

注：★标注为重点。

表 11　债务人财产线索尽职调查要点

项　目	尽职调查要点
存款	1. 在以往同债务人交易票据中查找债务人银行账号 2. 申请法院向人民银行账户管理中心查询 3. 申请法院向与债务人发生联系的工商、税务、海关等行政部门查询 4. 申请法院向为债务人提供会计、审计、评估服务的中介机构查询 5. 向与债务人有业务关系或经济往来的其他人查询。包括供水、供电公司，供货商及为其发布广告的广告公司等
对外投资股权	从工商行政管理部门、企业信用信息公示系统、天眼查等查询到承债主体的对外投资
交通工具	1. 查机动车去车管所、查船舶去海事局、查航空器去交通部民航局 2. 查个人名下机动车去派出所
设备	1. 承债主体企业工商财务报表、资产负债表、审计报告、会计报表中显示企业有动产及设备，且价值较大的 2. 结合现场、访谈企业职工、知情人线索等
存货	1. 承债主体企业工商财务报表、资产负债表、审计报告、会计报表中显示企业有大量存货，且价值较大 2. 结合现场、访谈企业职工、知情人线索等
尚未支取的收入	包括版权费、工资收入、各类奖金等

（续　表）

项　目	尽职调查要点
信托财产	1. 查询承债主体银行流水发现有信托收益进账 2. 从知情人处得知承债主体企业有信托投资
证券交易结算资金	需要申请法院调证或者公检法协助查询
支付宝等电子账户	1. 根据知情人线索、承债主体的宣传网站等获知淘宝网店信息、支付宝账户 2. 申请法院向支付宝（中国）网络技术有限公司查询承债主体的支付宝账户
被列入破产财产的抵押物、质押物、出质物	核实破产财产清单有无将抵押物、留置物、出质物列入破产财产
特殊资质	根据承债主体企业所属的行业以及经营范围，通过相关管理部门官方查询网站或者信息公开系统，查询承债人有无特殊生产资质或者许可证
知识产权	1. 商标：国家工商行政管理局商标官网查询 2. 专利权：国家知识产权局官网专利检索与查询 3. 著作权、版权：中国版权保护中心官网查询检索 4. 涉诉显示承债主体商标权、专利权、著作权等受到侵害，法院已下生效判决和判决

表 12　诉讼保全操作步骤

步　骤	内　容
申请人	利害关系人、当事人
提出理由	有关的财产可能有被转移、隐匿、毁灭等情形，可能造成权益人损失或将来执行难
可申请的范围	按请求的支付范围或者与案件有关的财物、债务人到期应得的收益、债务人的到期债权

（续 表）

步 骤	内 容
方法	查封、扣押、冻结或法定的其他方法，已被采取上述措施的不再重复
解除保全	被申请人提供担保
风险	申请有错误或因申请保全错误造成案外人损失的要承担赔偿责任
不服保全救济	可以申请复议一次，但复议期间不停止裁定的执行
保全的担保财产	质权、留置权仍然有效，并且不影响其优先受偿权
保管限制	保管人应对财产的价值尽妥善保管义务，非被保全人保管的其不得使用
保全效力	除法院有权依规解除保全外，在保全期限内，任何单位不得解除保全措施。
解除保全的情形	1. 保全错误的 2. 申请人撤回保全申请的 3. 申请人的起诉或者诉讼请求被生效裁判驳回的 4. 法院认为应当解除保全的其他情形
不得保全的情形	法院在审理涉及政策性粮、棉、油收购业务之外的经济纠纷案件中，不宜对粮、棉、油政策性收购企业在中国农业发展银行及其代理行或经人民银行当地分行批准的其他金融机构开立账上的这类资金采取财产保全措施
诉前财产保全	1. 在提起诉讼或者申请仲裁前 2. 向被保全财产所在地、被申请人住所地或者对案件有管辖权的法院提出申请 3. 必须提供担保 4. 接受申请后，法院必须在48小时内做出裁定，裁定后立即执行

（续　表）

步　骤	内　容
诉前财产保全	5. 申请人在裁定后30日内不依法提起诉讼或者申请仲裁的，法院将解除保全 6. 有管辖权问题，在移送管辖权后，原诉前财产保全裁定继续有效
诉讼财产保全	1. 可以依当事人申请也可以由法院依职权采取 2. 是否提供担保由法定决定 3. 对于情况紧急的，法院必须在48小时内做出裁定，裁定后立即执行
裁判文书生效后，执行程序启动前衔接阶段的保全	1. 向执行法院申请采取保全措施 2. 债权人在法律文书指定的履行期间届满后5日内不申请执行的，法院将解除保全 3. 保全裁定未经法院依法撤销或者解除，进入执行程序后，自动转为执行中的查封、扣押、冻结措施，期限连续计算，执行法院无须重新制作裁定书，但查封、扣押、冻结期限届满的除外

表13　以物抵债执行要点

情况/环节	操作备忘
不经拍卖	1. 经申请执行人和被执行人同意，且不损害其他债权人合法权益和社会公共利益的条件下，拍卖并非必经程序 2. 在通过法拍程序清收价款可能偏低或不利于清收的情况下，银行可以直接通过抵债方式变价处理担保物，提高清收效率★
经过拍卖	1. 动产拍卖，法院经过两次拍卖不成后便可裁定以物抵债 2. 不动产拍卖，如果两次拍卖不成，只要银行不接受以物抵债，法院将进行第三次拍卖 3. 若非严重有失公允的以物抵债，在贷款清收形势严峻、现金清收难以实现的情况下，这种方式可以避免陷入“马拉松”式司法处置，以物抵债止损，防止被执行人破产后，买受人受偿率更低甚至为零★

（续 表）

情况/环节	操作备忘
经过拍卖	4. 应提示法院通知已知的担保物权人、优先购买权人或者其他优先权人于拍卖日到场，防范资产抵入后他人为自己主张权利或拍卖被撤销★ 5. 积极解决三拍流拍问题，尽量使评估价格更符合市场行情，以提高拍卖处置的成功率
产权过户登记	1. 对于需要登记的抵债资产，过户至买受人名下，一方面可以确保抵债资产处置发生物权效力，另一方面也可以避免抵债资产因债务人原因被查封或重复抵债，陷入不必要的诉讼★ 2. 资产抵押债权人可在办理土地使用权过户登记之前，先行启动处置程序，缩短处置时间，但最终仍需办理相应产权过户登记手续 3. 在条件适合的情况下，也可先将拟抵债资产通过法院采取保全措施，寻找潜在购买人，然后直接将拟抵债资产过户到购买人名下，再用所售资金偿还借款人债务，收回贷款。这样不仅可减少抵债资产过户环节，还可以免缴相关税费★
因地制宜合理约定税费承担	1.《银行抵债资产管理办法》第四条规定："取得抵债资产支付的相关税费是指银行收取抵债资产过程中所缴纳的契税、车船使用税、印花税、房产税等税金，以及所支出的过户费、土地出让金、土地转让费、水利建设基金、交易管理费、资产评估费等直接费用。"从该规定看，资产抵入银行要承担种类繁多的税费 2. 根据相关法律的规定推断，税费承担的解决方式是可以由竞买人和银行协议约定，在谈判时予以考虑的。但考虑到各地税费政策的执行差异，建议当事行与当地税务机关沟通，避免因避税而遭受补征税款或其他处罚★

表 14 不同类别不良资产的处置方式

处置科目	处置思路
存款	申请法院冻结账户，划扣资金
房产、土地	1. 申请法院进行财产保全、强制执行

（续　表）

处置科目	处置思路
房产、土地	2. 债务人房产对外租赁的，申请法院协执租金 3. 对房产采取固定措施（财产保全）后，可与债务人谈判和解、推介转让
对外投资股权	1. 申请法院冻结被执行人名下股权、其他投资权益，推进评估、拍卖程序 2. 被执行人有预期从有关企业中应得的股息或者红利等利益，可以申请法院采取冻结措施，禁止到期后被执行人提取或有关企业向被执行人支付。到期后法院可以从有关企业中提取
交通工具	1. 采取财产保全措施，推进法院强制执行程序 2. 采取财产保全措施后，可与承债主体进行谈判和解、对外推介债权
设备、存货	1. 申请法院扣押、评估、拍卖、变卖承债主体企业设备 2. 采取财产保全措施后，可与承债主体进行谈判和解或者对外推介债权
到期债权	采取财产保全
尚未支取的收入	被执行人（承债主体）在有关单位的收入尚未支取的，申请法院做出裁定，向该单位发出协助执行通知书，由其协助扣留或提取
信托财产	1. 可以申请法院强制执行的信托资产 2. 对于信托收益，可以保全和强制执行，没有特定的限制。需要查询承债主体信托收益账户，申请法院冻结划扣信托收益
证券交易结算资金	1. 当证券公司为被执行人时，可申请法院冻结、扣划该证券公司开设的自有资金存款账户中的资金 2. 当证券公司的客户为被执行人时，可申请冻结、扣划该客户在证券公司营业部开设的资金账户中的资金，并向证券公司发出协助执行通知书

（续 表）

处置科目	处置思路
支付宝等电子账户	申请法院冻结承债主体的支付宝账户，关闭“余额支付”和“提现”功能，划扣资金
被列入破产财产的抵押物、质押物、出质物	对于破产中的案件，发现清算组将抵押物、留置物、出质物计入破产财产的，债权人可向法院主张优先受偿权
特殊资质	1. 通过向相关的管理部门或者媒体检举企业的不良信贷、违背诚信等方式施压 2. 资质转让变更
知识产权	1. 申请法院对注册商标权进行保全，法院应当向国家工商行政管理局商标局发出协助执行通知书 2. 法院在执行注册商标专用权的过程中，对注册商标及相同或者类似商品上相同和近似的商标一并进行评估、拍卖、变卖、执行 3. 申请法院进行财产保全 4. 专利权人与被许可人已经签订的独占实施许可合同，不影响专利权人的权利状态

表 15　股权并购与资产并购的主要区别

形　式	股权并购	资产并购
具体方式	股权转让和增资扩股	资产转让和资产出资
税费成本	涉及企业所得税和印花税，税费成本较低，能够有效节税	涉及企业所得税、印花税、增值税、营业税、契税及土地增值税等，税费成本较高
操作难度	相对简单，仅涉及股权结构的变化，通常设立新公司或进行重大资产重组	相对较难，原公司吸收合并，或以并购资产设立分公司，或共同出资设立新公司

（续　表）

形　式	股权并购	资产并购
壳资源的保留	仅改变目标公司股权结构，而不影响其本身的资质、品牌、声誉的享有以及业务的持续发展	可能导致目标公司的解散
债务及人员承继	目标公司的债权债务关系及对外其他各类风险仍由目标公司承担，并购方一并承担；目标公司人员劳动关系不改变	核心资产并购，会有未核实清楚的财产遗漏，负债及其他风险都留在目标公司；目标公司员工一般需与原公司解约后再与并购方公司另行签订劳动合同
适用情形	股权并购较之资产并购明显具有更多优势，其更被广泛运用	若目标公司存在可能承担连带责任、隐藏较大负责风险或是管理很混乱的情况下，一般考虑资产并购的方式。如目标公司股东存在出资瑕疵、目标公司股东无法或不愿对目标公司进行全面披露，且目标公司股权难以评估公允市场价值、目标公司管理混乱、无制度无规范管理的情况等
典型交易方式	承债式并购 1. 以承担债务的方式实现了股权的无偿或低价转让，其对价已体现在承债环节，且不存在因违反公允价值而被税务部门处罚的问题，同时免除了股权转让过程的大量税费负担 2. 主要适用于目标公司资产小于或等于负债的情况 3. 直接承债式并购。并购方直接将债务清偿款支付给目标公司债权人	物抵债式并购 1. 目标公司以其持有的资产，冲抵欠付并购方的债务，从而使作为债权人的并购方成为目标公司资产所有人；作为传统不良资产处置及商业化业务保障措施，都已被广泛运用 2. 通常并购方会与目标公司共同成立新的公司，同时注入资金，对该部分剥离的资产进行运作

（续 表）

形 式		股权并购		资产并购
	承债式并购	4. 间接承债式并购。并购方先向目标公司提供贷款、注入增资扩股资金等，再以融资款项清偿目标公司债权人的债务。须监管好资金流向以避免资金被挪作他用	物抵债式并购	3. 通常由债务人以土地等优质资产转让给资产公司，资产公司将其作为出资，与债务人成立项目公司，双方共同进行管理经营 4. 通常资产会存在不同的瑕疵，该类型项目在后续实施过程中可能会出现无法取得权证、难以完成过户等问题
典型交易方式	股权置换	1. 又称换股，实质相当于以股权作为出资 2. 双方换股方式较为灵活。可以是目标公司股东增资于并购方，成为并购方股东；也可以是并购方以其持有的其他公司股权换取目标公司股权；还可以是并购方以其持有的其他公司股权直接向目标公司增资入股 3. 使用中还需综合考虑并购的目的、税收政策及相关各方的配合程度，具体进行选择，同时可以综合进行运用 4. 股权置换使并购方无须支付现金即可实现并购目的，节约交易成本，并且如果股权置换达到一定比例，还可以免缴所得税	资产置换式并购	1. 并购方将优质资产置换到目标公司中，同时把目标公司原有的不良资产进行剥离，依据双方的资产评估价值进行置换，以有效地进行资产结构调整，剥离不良，吸收优质资产，从而有助于盘活资产存量，发挥双方在资产经营方面的优势 2. 被广泛地运用于“借壳上市”交易中，该类交易主要包括三个基本交易步骤：第一，股权并购；第二，资产置换；第三，资产买回。将上市公司全部资产转移到上市公司的原控股股东，实现不良资产剥离，上市公司以并购方新注入的优质资产达到资产重组的效果

（续 表）

形 式	股权并购
典型交易方式 股权置换	5. 涉及对并购各方的股权进行评估作价，以及履行一系列的股权转让或增资扩股决策程序、工商手续
并购主体的确定	1. 资产公司可与产业龙头共同设立并购平台，利用各自资金、产业优势推进并购重组项目的实施 2. 操作：合资成立专项基金管理公司作为普通合伙人，让其对该项目全部金融债权进行收购重组，并取得其控股权。收购后债权人释放查封并解除抵押，抵押变更登记至基金或其指定机构名下，从而确保项目正常销售，产生充裕现金流。在进行债务重组后，对项目进行追加投资，同时由该龙头企业负责整改运营，对项目进行重新定位、规划、包装，时机成熟后再次推向市场
并购对象的选择与变通	并购对象可视情况调整为目标公司股东或下属项目公司 1. 股权并购模式下，采用并购目标公司股东或更上一级公司股权的方式实现控制目标公司的目的 2. 在并购目标公司难度较大的情况下，可退而求其次，选择并购目标公司下属的项目公司
并购资金的来源	既可自筹，也可选择杠杆融资

表 16 破产重整操作要点

程 序	要 点
启动主体	债务人、债权人、债务人的股东
管理人	法院指定，在法院的指挥及监督之下全面接管破产财产并负责对其进行保管、清理、估价、处理和分配

（续　表）

程　序	要　点	
启动条件	债务企业有明显丧失偿债能力、或有破产可能、或已出现破产条件，都可申请	
申请法院	债务企业住所地法院	
重整计划	1. 债务人的经营方案 2. 债权分类 3. 债权调整方案 4. 债权受偿方案 5. 重整计划执行期限 6. 债务执行监督期限 7. 有利于重整的其他方案	
时间要点	1. 递交重整计划草案（自法院裁定之日起6个月内，可延期3个月） 2. 收到重整计划之日起15日，发布债权人会议通知。15日召开债权人会议，对重整计划进行表决，不通过，经协商后再次表决 3. 表决结果，10日内申请法院批准。法院收到申请30日内裁定是否批准	
方案	上市计划	保留主营业务模式、买壳上市
	非上市计划	股权不变，债务人继续经营；债转股，债务人股权结构调整；引进战略投资者；剥离不良资产业务；原股东筹资偿还债务，债务人股权酌情调整
执行	重整计划由债务人负责执行；法院裁定批准重整计划后，管理人应当向债务人转交财产和营业事务	
监督	管理人监督重整计划的执行，债务人应向管理人报告重整计划执行情况和债务人财务状况；监督期届满时，管理人应向法院提交监督报告	
约束	经法院裁定批准的重整计划，对债务人和全体债权人均有约束力；债权人对债务人的保证人和其他连带债务人所享有的权利，不受重整计划的影响	

（续　表）

程　序	要　点
《破产法》中规定的重整程序中宣告债务人破产的情形	第78条：债务人的经营状况和财务状况继续恶化，缺乏挽救的可能性；债务人有欺诈、恶意减少债务人财产或者其他显著不利于债权人的行为；由于债务人的行为致使管理人无法执行职务 第79条：债务人或者管理人未按期提出重整计划草案的，法院应当裁定终止重整程序，并宣告债务人破产 第88条：重整计划草案未获得通过且未被法院强行批准，或者已通过的重整计划未获得批准的，法院应当裁定终止重整程序，并宣告债务人破产